克里斯蒂安・米勒——著

Christian B. Miller

譯——陳岳辰

其實你沒有你想的那麼善良

一堂關於品格的哲學思辨課

THE CHARACTER GAP

HOW GOOD ARE WE ?

瞭解真實自我，是人生中的一場重要蛻變

冀劍制

在學習哲學的路上，就以我個人的成長來說，歷經好幾次重大的蛻變。其中一次，或許是最重要的，大約發生在二十多年前，我還是大學生的時候。然而，這場蛻變，並非來自於任何哲學理論的影響，而是源自於一個很特別的哲學人。

最初，其實我不瞭解那個哲學人特別的地方在哪裡，但由於他的行事作風跟一般人完全不同，常讓我有一種「哇！太酷了！」的感覺。除此之外，我對他的內心世界一無所知。

跟他認識的兩年過後，我才逐漸瞭解他的特殊性；也因為受了他的影響，我自己產生了蛻變，領悟了一些過去未曾看清的事。

其實他的特別很簡單，而且是常在哲學人口中強調的特質，不過絕大多數人（包括眾多有著豐富哲學知識的人）即使常常掛在嘴上，自認為瞭解，但實際上並不真正明白到底那是什麼。這個特質是：認識自我。

在我跟他相處的那兩年間，我常常被他嫌「虛偽」。每次聽到我都只能苦笑，因為我很清楚自己並不虛偽。舉例來說，我很關心環保，所以會做好垃圾分類；我很關心流浪動物，所以會在學校餐廳撿剩食餵牠們；我很關心朋友，所以會噓寒問暖、主動幫忙。做這些事情，我確實發自內心，一點都不覺得自己哪裡虛偽了。但經常被他誤解，也只能忍耐苦笑。而他看到我的苦笑，便更加鄙視，因為在他眼中，那更虛偽。

當然，這些事情只會發生在他喝了不少酒之後。沒喝酒之前，他很懂得待友之道，跟他相處很愉快。然而，當時我心裡一直有個疑惑，究竟他是酒後胡言亂語，還是酒後吐真言呢？如果那是他真的想法，為何他會這樣「誤解」我？後來我找了時間直接問他。但是酒醒時，他只會不好意思的不斷揮手，要我別在意他的酒後胡言亂語。但在酒醉中，他不會談理明說，依然用鄙夷的口氣冷笑他人的虛偽。

就在這樣的不斷疑惑與反思中，我逐漸從虛偽的內心世界中走了出來，於是我領悟了這一切，開始活出真實的自己。這或許是人生中最重要的成長歷程。所以我一直很希望能把這樣的成長過程分析清楚，並且寫下來，協助他人找回真實自我。但對我而言，這顯然難度過高，不知從何開始。

二十多年後的一天，外面下著大雨，南部正逢暴雨侵襲，我打開電腦郵件，這樣的一本書出現了。

商周出版的編輯來信詢問我是否願意為這本書寫一篇序，我看著書稿，眼睛一亮，立刻答應。其實在這段時間裡，好多事情全擠在一起，根本消化不完，只能不斷婉拒各種請託。但無論如何，這一篇序我都想把它寫出來。

首先，我們通常以為，「在做一件善事時，只要擁有善意，就是真心的。如果是虛偽的，那就表示內心世界全然沒有善意。」但這個觀念正是誤解人心的主要源頭之一。

如同作者指出，多數人既非良善、也非醜惡，而是介於兩者之間。而且，會做出惡毒行為的人，平時也很會做善事。反過來說，平時常做善事的人，也可能在某種時候做出惡毒行為。每個人都有這樣的潛力，只是時機尚未發展成熟罷了！

以我個人來說，「想要做好環保，就做好垃圾分類」這樣的想法沒有問題，既發自善意，也做了好事。我對自己的瞭解在這個點上沒問題。但是那位朋友的「虛偽」批評，卻也是對的，因為這個善行的背後動力不只是這樣。內心的想法可能還包括：「做這件事可以展現自己是環保文明人，為此感到驕傲」、「害怕不做分類被罰錢」等等。在學校餐廳撿拾剩食餵流浪動物，如此高調的行為背後是否也渴望表現自我呢？在關心朋友而噓寒問暖的舉動裡，即使出自真心，內心同樣包含了「說這些話可以讓人覺得我很關心朋友」的動機，而此動機的內在目的可能是想建立自己在朋友心中的形象，甚至希望未來可以藉此獲得利益。這些念頭往往躲得很好，讓人難以捕獲。

如果我們可以看見內心深處各式各樣的想法，也就可以看見真實的自己。看清了自己，也就更能夠看清眾人。

作者藉由哲學理論以及眾多心理學實驗，讓我們看清人性的真面目。這並不是要告訴你人性有多糟糕，只是想指出事實情況如何。我們之所以會認為這些自利的想法很糟糕，那是因為我們訴諸錯誤的人性觀。只要返回真相，便可以重建一套更適當的評價方式。甚且，也因為有這些不當的價值觀，人們更難看見這些利己念頭，便無法瞭解真正的自己。

然而，難道那位哲學人朋友品德如此高尚，不會有這些念頭，所以鄙視他人？我猜想，或許有些高僧大德確實是這樣，但他倒不是。他的特點並不是品格高超，而是認識自我。他所謂的「虛偽」，並不只針對虛假的內心，還包含不知道自己真正的動機。只要看得見自己的各種動機，就會知道自己其實沒有外在行為表現的這麼良善。

《其實你沒有你想的那麼善良》這本書正是要告訴我們這項事實。並不是說原來自己的所有善意都是假的，只不過除了善意之外，還有其他利己念頭在主導著我們的行為。只要可以看見，就會知道自己沒有想像中這麼了不起。

認識自己或許是一件永遠無法真正企及的事情，許多干擾因素甚至根本無從發現。當你做了一件好事，並為自己的善良沾沾自喜時，作者提醒我們，做這件好事的關鍵因素，或許只是因為前方有面鏡子，或是你正好從公廁走出來，也或許是最近剛看完一部訴說正義的感人電影。

然而，即使無法真正完全瞭解自己，只要知道自己其實不夠認識自己，至少就有兩個好處。第一，瞭解「不認識自己」這個真相，就可以開始改變自己，走向真正的成長。更重要的是，看見愈多干擾自己的因素，就愈不容易在無意間被牽著走。甚至許多人的某些行為根本是為了自己，但只要理智上能夠找到這個行為可能帶給大眾的一點點好處（而且忽視可能帶來的更多壞處），就誤以為自己是為了大眾而這麼做，還很得意地到處張揚，實際上早已成了偽君子還不自知。

第二，我們不會再因自己的一點點小善意而自鳴得意，甚至不再鄙視他人的惡。別人和我們的差別，可能只是因為他們沒有將利己動機完全掩飾起來。那些被我們鄙視的惡的動機，幾乎全部都能在自己心中找到。甚至某些做出極端惡事的人，跟我們的差異也可能只是因為我們沒有落入跟他們一樣的處境。

對我來說，這樣的蛻變，等於走向了一個真實的世界。對於自己是誰、想要什麼、想追求什麼，有了更清楚的瞭解，不易受到那種只能用來沾沾自喜的因素干擾，徒然消耗生命追逐虛假、表面的事物。活得真實，就能精彩。那是一種內心自由的解脫，也是一種幸福的喜悅。期待這本書能夠協助你，完成這樣的一場生命蛻變。

本文作者為華梵大學哲學系教授

我們必須審視自己容易飄向何處，每個人天生的傾向與好惡不同，唯有透過身心得到的樂與苦來辨別，然後將自己帶往好的方向：就像彎曲的木材可以矯直，我們也能回歸中庸之道。

——亞里斯多德

目錄

第四章 狠得了心，就傷得了人？

相信大家都能在自己身上看到何謂攻擊傾向，因為幾乎每個人都經歷過氣得口不擇言、情緒不佳時對親友吼叫、在同事背後說壞話、嘲弄別人的穿著打扮，以及內心深處渴望傷害敵人、對手、競爭者。

第五章

謊言百百種，為了什麼？

就算日常謊言偶爾合乎道德，但多數人說的謊並不落在這個類別。說謊大半是為了達成自己目的而去操弄別人，結果可能傷害別人或自己、干涉別人的自主權、破壞別人的信任或有損道德。

第六章

人性就是偽詐？

縱使抗拒欺弊的信念藏在心中，多數人依舊需要類似十誡的訊息提醒後，才會驚覺自己可能犯錯。在沒有提醒的情況下，欺弊的頻率還是很高。背後原因為何？主因是人類對自身利益有強烈欲求……

作者序

二〇一一年感恩節隔天，黑色星期五，我們看到了人性最糟糕的一面。時過午夜，六十一歲的華特・范斯（Walter Vance）走在西維吉尼亞州南查爾斯頓市一家百貨內。一輩子住在當地的他，在朋友眼中為人慷慨善良。那天他急著購買聖誕裝飾，根據同事描述，「他特別期待今年聖誕節，等不及要和大夥兒一起慶祝。」[1]

然而，罹患心臟痼疾多年的范斯，毫無預兆昏倒在地。

想像一下在人來人往的商場內，突然有個人痛苦倒地，你看到會是什麼反應？不就是設法幫忙嗎？大家應該都會這麼做才對，不是嗎？

實際上，那天絕大多數路過的人都視若無睹，繞過他繼續採買，甚至有幾個人跨過他的身體！過了幾分鐘才有醫護到場施行CPR，可惜為時已晚，最終范斯被宣告不治。

許多人對此事件的反應是：那些路人未免太過冷血、太無情，實在太不像話了，根本是社會敗類。他們是「壞人」，我們才不會像他們那樣。

對於這樣的想法，最好持保留態度。依據本書搜集的資料，我們可以合理懷疑**多數人**在同樣情境下會採取同樣的行為模式。原因在於，我們的性格特質很容易導致我們忽略他人明顯且急迫的需求。

「這社會的好心人都死光了嗎？」范斯的同事感慨，「怎麼可能沒人注意到他掙扎求救？」[2]

很重要的質疑，而我試圖找到答案。

既非好人，也不是壞人？

我們往往認為自己和親友都是所謂的好人。或許達不到聖人的境界，但絕非道德淪喪之徒，至少誠實和善、值得信賴，稱得上品行不差。

然而，本書的論述主軸之一，就是我們對於自己的品格恐怕有很大的誤解。數百份心理學研究指出，人們對自己和他人的判斷並不可靠。如同上述例子中的冷漠路人，我們每個人都有嚴重的品格瑕疵，讓我們無法成為真正的好人。事實上，我們甚至難以察覺到那些通常潛伏在意識底層的瑕疵。

這是不是說我們都成了性情殘暴的壞蛋？的確有少數人走上那條路，也但願最危險的那一群人已經都被抓去關了起來。不過我必須強調，多數人**並非**缺德的討厭鬼。

怎麼回事——多數人既非好人，也不是壞人？

正是如此。

愈是檢測我們的品格，愈會發現它好壞參半。

首先，多數人確實擁有造福世界的潛力，有時也真的好好發揮了。儘管有些時候犧牲道德（竊占財物、偽造履歷、外遇偷吃等等）能夠得到好處，但就算不會被抓包我們也未必會動手。這是人類良善的一面。

換個角度，大奸大惡不僅僅是人的一種可能性，還是實際存在於社會的現象。再者，有時候幫助他人的機會就在眼前，我們卻選擇掉頭離開。這是人類劣質的一面。

我們的心靈既非道德純淨，亦非道德腐敗，而是善惡交錯難分難解。

這項特徵正是本書探討的核心，尤其在第二部「現代人的品格樣貌」，我摘述許多心理學研究，分析我們何時會助人、傷人、撒謊、欺弊，以及為什麼會這麼做。討論將在第七章收攏，描繪出符合多數人的品格面貌。

即便如此又如何？為什麼瞭解品格很重要？甚且連「好的品格」是什麼也很難解釋，沒有明確定義的話，又怎麼判斷品格好壞？

本書第一部試圖回答這些問題。第一章探討好的、高尚的品格需要什麼前提；第二章則論證發展良好品格的重要性。

闡述了培養良好品格的重要性之後，第二部則說明多數人其實不具備良好品格，但亦非品格低劣，繼之便能理解「品格落差」的概念，亦即品格的「實然」與「應然」之間究竟距離有多遠。隨之而來的重要問題是：我們如何成為更好的人？如何潛移默化使自己、孩子、親朋好友都變得比現在更良善？換言之，也就是如何跨越品格的落差？

最後的論點則是：儘管養成良好的品格十分困難，阻礙重重、沒有捷徑、更找不到萬靈丹，但只要我們不放棄，就還有希望。事實上，第三部提供了幾種或許有效的策略。但我不希望造成誤會，讀者不會在文中找到鉅細靡遺、按部就班的做法指導，因為本書並非品格教育的勵志書。

書中提出的做法皆為世俗層面，但文末也會帶到宗教，畢竟對某些人來說，美善的品格不僅源於人的努力，也需要神在背後推一把。

品格探索之旅

上述種種問題憑我一己之力無法完整回答，本書旨在提出概念以求達到拋磚引玉的作用。

過去十年在威克森林大學（Wake Forest University）哲學系任教期間，「品格」這個主題始終名列我的研究清單。我逐漸體悟到想要在這個領域有所突破，必須具備跨學科的知識。哲學和宗教幫助我們瞭解良好的、高尚的品格應當是什麼樣子；心理學、社會學與經濟學描繪了現代人的道德觀念與行為；文學、歷史、人類學和其他諸多研究，針對品格做了深入探討。

決定投入跨領域的研究之後，我與心理學家、神學家、哲學家組成合作團隊，並且得到約翰坦伯頓基金會（John Templeton Foundation）的慷慨贊助，而得於二〇〇九年在威克森林大學啟動「品格計畫」（www.thecharacterproject.

com）。品格計畫有兩項主要任務，首先是為全球各地與品格相關的最新研究提供資金，目前資助對象包括以虛擬實境測試品格的巴塞隆納心理學團隊、以科技增進同理程度的密西根大學專案。本書引用其中部分研究成果作為推廣，許多資料都是第一次揭露。

品格計畫在威克森林大學也舉辦了許多活動，內容與一般學術界活動相仿：大型研討會、撰寫論文、成果討論分享、專業演講、出版發表等等。此外，我們成立了兩個大型網站，一個提供給進行品格相關研究的學者（www.thestudyofcharacter.com）；另一個則作為資源集散地，開放給有興趣瞭解品格的普羅大眾（www.thecharacterportal.com）。網站上有各式連結、影片等等豐富材料，有助大家深入探究這個迷人的領域。

參與計畫的過程中我撰寫了兩本關於品格的學術專著，分別為《道德品格：實證理論》（*Moral Character: An Empirical Theory*, 2013）和《品格與道德心理學》（*Character and Moral Psychology*, 2014）。相較於本書，那兩本書更深入、更複雜、更大部頭；以下第三到七章即為兩書內容的濃縮整理。

有關品格的討論如果埋沒在哲學領域的學術著作內，未免太過可惜。我認為自己從研究中得到十分重要的結論。倘若我的想法正確，那麼多數時候我們對其他人（包括自己）的品格判斷都錯了，並因此導致一連串的誤判和錯誤期待，造成很多可怕的結果，或者反過來確實起了振奮人心的作用。本書將會舉出實例，我希望藉本書分享我的心得，找出適合眾人努力的方向。

然而，即便威克森林大學和世界各地學者投注大量心血，關於品格仍有許多尚待探索之處。接下來就與各位分享我這趟探索之旅的所見所聞。

第一部

品格是什麼？為什麼品格很重要？

第一章

我們說的品格究竟是什麼？

德性作為品格的一種特質，不該時有時無，而是動機與行為背後長期的驅力。

幾年前我在一次招待會上和別人聊天。

「請問教授您做哪方面的研究？」一位女士這麼問我。

「研究 character。」★

她接著問我是否參與很多戲劇製作以便收集資料。我對她的反應一頭霧水，片刻後才終於想通，原來我們兩人牛頭不對馬嘴，她以為我研究的 character 是戲劇領域的角色，例如《哈姆雷特》、《歌劇魅影》等等。

「呃，不是這樣的，」我只能這麼回答。

人格特質 vs. 道德品格

想想你最要好的朋友，他或她在你心中是否有個清楚的形象？問問自己，對方最讓你欣賞的是哪一點？想必很多人的回答會是「他總是支持我」、「我可以信任她」、「他從未令我失望」、「她人真的很好」，諸如此類。

根據這些答案，不難看出大家挑選朋友時首重**人格特質**，好比上述例子呈現出可靠、信任、忠誠、善良這幾種受青睞的特質。這樣的標準不僅適用於親近的

★譯按：character 一詞多義，有角色、特徵、性格之意。在心理學領域通常以 personality 指稱「個性、性格」，而 character 則更著重道德與品行方面，故本書中 character 一詞多譯為「品格」。

朋友，還延伸到政治人物、影視名流、自己的孩子或父母。我們往往非常強調一個人的道德特質，也就是所謂的「道德品格」。[1]

不同於髮色、幽默感、智能、財富、人緣之類的特徵，人格特質帶有道德的意涵。道德很重要。史達林冷血、無情、暴虐、殘酷，這些人格特質導致他種種慘無人道的手段；有些研究指出，至少兩千萬條性命因他而死。[2]反觀德蕾莎修女窮盡四十五年心力，幫助印度成千上萬貧病者與孤兒，慈悲、慷慨、無私奉獻、寬大為懷的人格特質促成她超凡入聖的生命歷程。

至於我們其他人又如何？在道德的光譜上，我們是接近史達林，抑或德蕾莎修女？那將是本書第二部探討的主題。現在的重點是：每個人都有不同的道德特質，這些重要特質組成我們的品格，所反映出來的行為或許是坦率誠實，或許是熱心助人，又或者是信守承諾、行事磊落等等。

由此觀之，人格特質指涉的範圍大於道德品格。譬如好奇心屬於人格特質，但好奇心強烈不保證人品高潔；類似者還有聰明、心胸開闊、堅毅、進取等等。而「性格」（personality characteristics）一般也能涵蓋在人格特質中，如多話、內向、溫暖之類的。

請參考下圖的標示說明。在此我想先釐清，本書焦點在於人格中的道德特質，也就是我們所謂的「品格」。光是這個層面已經足夠我們絞盡腦汁。[3]

對於道德品格的分析可以追溯到兩千多年前古希臘時代的哲學家，柏拉圖和亞里斯多德是其中具代表性的人物。一直以來我們都採取二分法，將道德特質分為**德性**與**劣性**，背後的概念就是人要追求所有的德性、摒除所有的劣性。可惜知易行難。

雖然學界對於德性與劣性的項目未能取得共識，仍有常用列表作為範例。亞里斯多德列入德性者包括勇氣、節制、慷慨、莊嚴、公正。[4]保羅的《加拉太書》裡則提到，「聖靈所結的果子，就是仁愛、喜樂、和平、忍耐、恩慈、良善、信實、溫柔、節制。」[5]一路追溯至柏拉圖時代，德性主要奠基於公正、勇氣、智慧、節制。

公元十四世紀，但丁（Dante Alighieri）寫下我心目中西方文學最偉大的作品《神曲》（*Divine Comedy*），並且在第二部〈煉獄篇〉中生動描繪出象徵七宗罪的七層山，圖1.2就是他對劣性的概念。

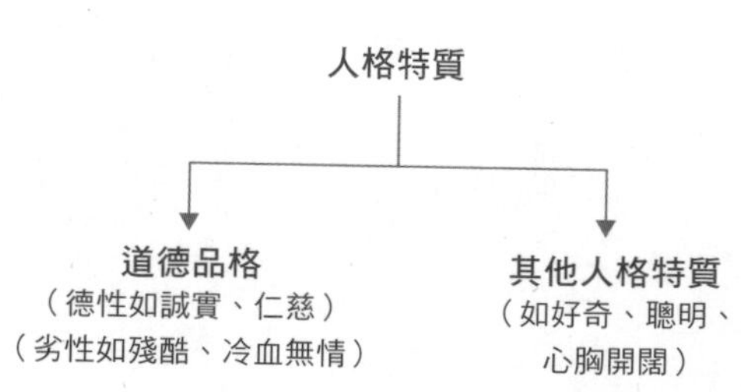

圖 1.1　人格特質與道德品格

但丁認為人的罪惡可以分為傲慢、嫉妒、憤怒、懶惰、貪婪、暴食、色慾。人死後必須一層層修煉，精進品德才能升天。攀爬煉獄山的過程中要滌除往昔的罪孽，並培養出對應的七種德性：謙遜、寬容、耐心、勤勞、慷慨、節制、貞潔。[6]

古今中外還有許多作者依據自身的文化背景，提出不同的德性與劣性組合。所幸我們無須爬梳剔抉分辨對錯，因為即便細節扞格，時至今日世人對**多數**的德性與劣性算是已經形成共識。舉例而言，誠實泰半屬於德性，欺瞞則反之；勇氣是德性，懦弱則是劣性。廣受認同的德性還包括憐

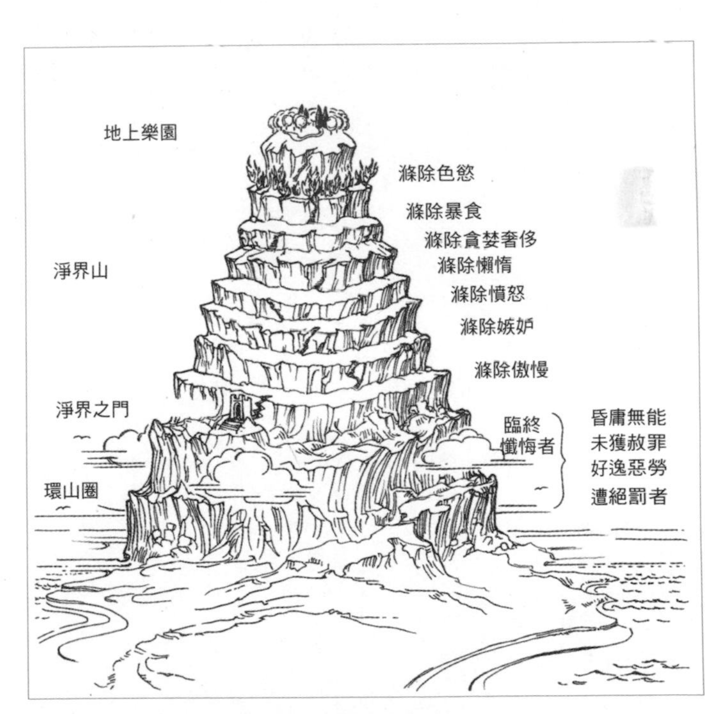

圖 1.2　但丁的煉獄山

憫、寬容、廉潔、自制、睿智、感恩、慷慨、堅韌。本書將以這類幾乎沒有爭議的德性和劣性作為討論標的。[7]

總而言之，人格特質包括一個人獨具的各種特徵與特質，對於立身處世影響甚鉅。而人格特質又可分成「道德相關」及「無關道德」兩大類。本書的重點擺在道德部分，與傳統所謂德性、劣性相呼應。圖1.3呈現這個分類。

德性：人的美善

想要認識品格，就得瞭解德性。德性是什麼？請再一次想像自己最要好的朋友，假設她具有誠實這項美德。是什麼讓你認為她是誠實的？或者看看自己最喜愛的超級英雄，好比我個人欣賞蝙蝠俠。

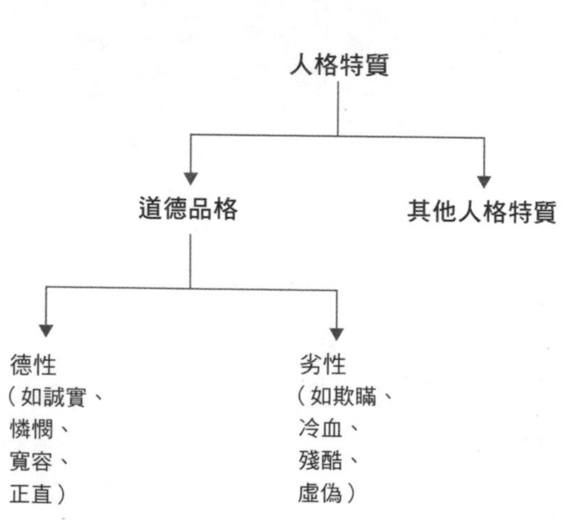

圖 1.3　品格中的德性與劣性

為什麼這個角色會讓人覺得很英勇？不然也可以想想充滿惻隱之心的人，例如耶穌、德蕾莎修女、甘地之類。他們展現出什麼共同點？

先來看看那些慈悲為懷的人。他們通常會在別人面臨危難時出手相助，可能是捐款給慈善機構，抑或去醫院探望生病的友人。設想更實際的例子，比方說貝絲某天上網看新聞，得知難民將被安置在她住的小鎮附近，地方各單位合作的話可以提供許多必要援助。這項消息引起貝絲的關注，她立刻著手收集衣物與生活用品，幾天後帶著滿滿一車物資透過救濟站轉發給難民們。

問題來了，如果我們對貝絲的認識只有這麼多，能否單憑一件事就斷定她具有憐憫這項美德？雖然這是很好的初步證據，但我相信大家都同意，證據力並不充分；換言之，一次善行不等於德性。

容我添加故事細節進一步解釋。假如貝絲來到救濟站，擺出一副高高在上的態度，還誇口自己有本事收集這麼多物資，並且傲慢地將東西交給難民，甚至在現場自拍後張貼在社交平台炫耀，說自己在「幫助難民」。

這樣看起來就不憐憫也不慈悲了吧！這個故事哪裡不對勁？答案是，具備德性的人不僅僅是行善，還會以**適合當下情境的方式**行善。以貝絲而言，她應該要態度謙卑，客氣地詢問難民們是否需要自己帶來的物質。

再修正一次故事。假設貝絲展現出良好的態度，那麼可以說她具有德性嗎？我想大家依舊會認為證據不夠，因為我們還是不瞭解貝絲的待人處事。儘管做了一次善事，但或許接下來幾個月裡貝絲對其他需要幫助的人根本不給好臉色：看見同學掉了東西哈哈大笑、弟弟求教遭她奚落、無視校園霸凌事件，諸如此類。

這樣的貝絲談不上是好榜樣。哪裡不妥？顯然真正具有德性的人，在**不同情況**下都會選擇行善。若貝絲真的具有好心腸，無論在職場、學校、家庭、乃至於大賣場和小雜貨店，只要遇上需要幫忙的人，她都應該伸出援手。

當然也得考慮到，若貝絲總是幫助別人就沒時間過自己的生活，畢竟世上遭遇困難的人太多，助人的機會舉目皆是，看看地球上還有多少無家可歸、挨餓受凍或受天災所苦的人就能明白。因此憐憫也不該定義為心裡只有助人一事（這樣的人很快就會散盡家產、身心俱疲），而是在種種不同情境中皆展現出助人的行為模式與適合的態度。

於是我們再度修正故事內容。假設接下來一個月貝絲維持助人的習慣，應該就能說她具有憐憫的德性，對嗎？可惜還是不行。試想如果善舉背後的動機是為了某一門科目的分數，或是為了美化申請大學的資料，抑或是幹了壞事有罪惡感想要以此彌補，儘管**實際行動**很正面，**動機**卻是自利或自我中心。

設身處地從難民的角度來看，就更能夠透澈瞭解。想像自己在故鄉度過數年煎熬，為了躲避迫害遠離家園，如今人生地不熟語言也不通，好不容易遇上一位溫柔的女子慷慨提供所需的各種物資。起初你想必對她印象很好，認為這女孩悲天憫人，真心關切自己的處境。沒料到之後問起她為何如此好心，女孩無意間說溜嘴：「噢，我只是想讓大學申請函看起來漂亮些。」你自當十分錯愕，也許無言以對。我個人的話可能會覺得受傷憤慨。

你或許依舊感激，畢竟衣物食物是當務之急，然而你恐怕也很難發自內心欽佩對方，原因很簡單：她真正關心的不是你。你的遭遇、你過得好不好，對她而言根本不重要，她其實只是在幫助自己的過程中順便幫了你。

真正具有慈悲心的人並非如此。倘若貝絲確實心懷憐憫，行為背後會有更好的理由。以難民為例，她應當是真心在乎對方是否安好，即使助人對自己沒有好處也不改初衷。這樣的動機是無私的。

別誤會，這無關乎自我犧牲，也不是說助人時不能感到快樂滿足。只不過具有這項德性的人，心裡在意的是如何讓對方更好過，而不是如何讓自己受益。然而在助人的同時，他也會因此感到快樂與喜悅。

聽起來似乎很矛盾？以別人的福祉為優先，自己還能從中得到快樂滿足，兩件事情怎麼可能同時成立？我在授課時喜歡用一個比喻來解釋為什麼可以：開車當然是為了到達目的地，最初的動機就這麼簡單；可是開車這個行動創造出的副產品，就是搖下車窗時微風吹拂面頰的愉悅。開車的目的不是為了吹風。但即使不是原始目的，我得到一個正面的體驗是事實。

回到前例，假如貝絲真的心懷憐憫，目標會放在減輕難民適應新生活的負擔，過程中她可能得到心靈滿足，但這樣的滿足並非原始動機。總而言之，雖然實踐德性時經常得將他人置於優先地位，仍是十分快樂的事。

根據貝絲的故事，我們可以推導出什麼結論？很簡單：無論行為有多崇高、多一致，我們無法單憑行為本身就判斷一個人是否具備某項德性。即使貝絲繼續做善事、幫助難民，如果她心裡在意的是自己能得到什麼好處，比方說美化履歷表，那麼就算行為再怎麼美好，都談不上真正的德性。[8]

不只是憐憫，其他德性也一樣。誠實的人所言不虛並非為了給人好印象，忠誠的人不離不棄並非希望之後借錢容易，正直的人明辨對錯並非為了擺脫罪惡感。德性存乎一心，善行亦然。

於是我們又得到新的啟示：判別一個人是否具有德性真的很困難。觀察行為容易，發掘心底的動機卻不簡單。這個現象以圖1.4呈現。

下圖是同一個人開支票捐助慈善機構的四種情境。你看他多麼慷慨啊！等等，他為什麼這麼做？如圖所示，同一個動作背後可以有各式各樣的理由，前三種動機都是為了自己，開這張支票並非慷慨助人。只有第四種情況是真正為別人的福祉著想，符合德性的前提。

換言之，除了對的行為，還要有對的動機，才能稱得上德性。但是否動機純正就足以稱作德性？恐怕還是差那麼一點。再度回到貝絲的例子，假設連著兩週她無論動機或行為都符合上述要求，然而之於她這並非常態，過去的貝絲非常自私，心血來潮才做了善事，可惜這股衝動來得快去得也快，不久之後她一定會

圖 1.4　同樣的捐款行動，不同的動機

故態復萌。

德性作為品格的一種特質，不該時有時無，而是動機與行為背後**長期的驅力**。如果貝絲真有憐憫心，我們可以預期若未遭遇重大變故，她會維持同樣的行為模式好一段時間。

這並不表示培養出德性之後，它就永遠不會消失，我們還是有可能漸漸失去德性。重點是當我們說一個人具備某項德性，指的是不分長期短期，他的心態與行為應該前後一致。

關於德性的標準就探討到這兒[9]，希望已經清楚闡述所謂德性其實要求甚高！圖1.5將前述討論內容整理成幾個重點幫助理解。或許還有其他條件，我不敢說自己掌握了德性的全部特性，但表列的幾項無疑非常重要。

我自己在思考德性的特徵時，最訝異的是：想要做個品格高尚的人，在道德生活的各層面展現德性，原來**這麼難**！即便只是**單一**的德性，如憐憫心，就已經很不容易做到。由此觀之，修養德性與成為棋藝大師、大聯盟球員一樣，都稱得上是人生成就。

- 能夠以適合個別情境的方式行善
- 在不同情況下都能表現出符合德性的行為
- 行為的理由與動機合乎德性
- 動機與行為穩定且前後一致

圖 1.5　德性的重要特徵

我的意思並非絕大多數人不具備德性，這一點將會在本書第二部進行討論。然而成為有德之人的確不是一蹴可幾，即使德性可以培養造就，對一般人來說仍是個緩慢、漸進的過程。[10]

劣性：人的醜惡

針對德性做了一連串討論，也該輪到劣性了吧？我們現在就來聊聊慾望、貪婪和殘酷。

抱歉可能有人會感到失望，因為我對劣性的闡述不會太多，劣性與德性的特點其實十分類似，最大差別在於朝反方向進行。

如果說山姆是個殘酷的人，那麼他很可能會傷害他人，而且不會只限於一個情境、一段時間，而是長期的、在許多不同場合裡都有這個傾向，例如習慣性地踹鄰居家的狗或者對妻子施暴。我們可以猜想背後原因是山姆喜歡看別人痛苦，再不然就是對他人存有很深的怨懟。他會持續表現出殘酷性格的暴力行為與負面動機。其他劣性亦然，皆符合上述四點，只不過是道德的反面。[11]

話雖如此，我必須強調讓人意外的一點：具有劣性的人其實和具有德性的人一樣，常常會**做好事**。但如果他們的目標是傷害別人，為什麼要做好事呢？

稍微思考一下就不難理解。目前社會對於行善助人有許多獎勵機制，例如得到對方感激、上報、在親友圈裡很有面子，也可能因此吸引俊男美女的青睞、事業更上一層樓，好處說不完。

而做壞事會受到各種社會制度的懲罰，入獄和罰款最顯而易見，還會被親朋好友孤立，甚且遭到公司開除或婚姻不保等等。因此即便殘酷的人想要虐待動物，若他還有一絲理性的話，至少不會選擇在眾人眼下動手。

換言之，就算是所謂的壞人，在**自認會被別人看見**的情況下，通常也會依照大眾期待行事。自覺沒有人會看到時往往才會顯露本性；德性與劣性的區別立判。作家傑克遜．布朗（H. Jackson Brown）有句名言：「品格就是我們以為沒人看見時的行為。」[12]一點兒也沒錯。

兩千多年前柏拉圖就探討過這個主題。在《理想國》第二卷裡，他哥哥格勞孔（Glaucon）質疑人有德性是否真的比較好，並引用著名寓言「蓋吉斯的戒指」（Ring of Gyges）：

……在利底亞有個男人為統治者牧羊。一天狂風暴雨加上大地震，放牧的土地冒出裂谷，他看見以後下去探險，結果竟找到一棟青銅打造的房子。從窗戶偷窺，牧羊人看見裡面有具遺體，體型比普通人來得高大，而且渾身光溜溜的，就只戴著一枚金戒指。他溜進去將戒指拔了下來，回家和別人相處時悄悄戴上，並將寶石轉向掌心。沒想到這麼做之後大家看不見他了，當他不在場似的說起閒話來。[13]

戒指賦予牧羊人隱形的魔力，也暴露他的真實品行。什麼樣的品行？是善是惡？故事結局是這樣的：「他立刻偽裝為國王的信使，進宮以後與王后通姦，聯手謀害國王篡位得逞。」[14]看不出半點德性。

電影《透明人》（*Hollow Man*）可能參考了「蓋吉斯的戒指」作為劇本基礎（補充一點，我覺得明明主題很有趣，可惜電影拍得不算好），描述醫學實驗出差錯之後，凱文・貝肯（Kevin Bacon）飾演的主角變作透明。雖然他在沙地上會留下腳印、碰上雨雪會現出輪廓，泰半情況下仍然是神不知鬼不覺。有了這種能力與機會，品格遭受嚴重考驗。很快地結果出爐，主角開始殺人姦淫、為所欲為

（抱歉劇透了）。

上面兩個例子說明同一件事：人前的行為**無法**用於判斷善惡。有時候真實的性格很難察覺，所以我們常會被一個人平日的言行蒙蔽，一旦對方內心的劣性抬頭引發醜惡行為，眾人才大感震驚。看看那些政治人物、運動明星和社會名流，例子多不勝數。以老虎伍茲（Tiger Woods）為例，原本形象正面清新，被逮到一次之後翻出一籮筐舊帳。

請謹記，一次善行義舉不代表德性深植心中。同理，一次惡行也不等於品格低劣。無論德性或劣性都必須經由行為的模式加以判斷，而且不能以人前的表現作為基準，應當觀察關上門後私底下怎麼做。

老虎伍茲是極佳案例。全盛時期的伍茲在高爾夫球界名聲卓著，看似即將成為有史以來最頂尖的選手，形象非常端正優秀。他努力練習，遵守比賽規則，而且是個愛家的好男人。然而，東窗事發以後我們才看見他的真實樣貌：原來伍茲婚後與多名女子有染。如果只是單一事件尚且不能指責他的品格，但反覆出軌、持續數年又多重對象則鐵證如山。他的行為模式一致並有明確規律性，不隨時間和情境變化。

此外，出軌的行為當然不會攤在大眾面前。他在人前的模樣依舊是個模範丈夫，也就是說伍茲清楚意識到自己私下的行徑有損自身事業及形象（當然也會波及妻子），所以只能偷偷來，直到醜事被媒體公諸於世。

「你們看看，他殘忍、好色又不誠實！」要這樣指責一個品行不佳的人沒有想像中容易，因為惡行多半祕密進行——想想網路色情、逃漏稅、虐待動物就可以理解（麥可・維克或許適合作為此處案例）★。癥結終究不在於惡行是否被看見、能否不被抓包，而是我們自己的心。或者用哲學家的說法：對於道德問題，我們傾向怎麼思考和怎麼做才是關鍵。[15]

事實上人可以心存歹念很長時間，卻從未公然、甚至私下幹過半件壞事。譬如性情殘酷、很想虐待動物，卻偏偏沒機會碰上小動物。但殘酷不會消失，劣性仍在，只是等待顯露的機會。

德性也一樣，重點在於心，在我們思考和行動的傾向。蘇格拉底、保羅、戴斯蒙・屠圖（Desmond Tutu）†這類具有高尚情操的人都曾受到囚禁，在監獄裡自然沒有多少表現憐憫的機會，但那些鐵窗歲月中他們的德性並未消失，始終深植心底。

★ 譯按：麥可・維克（Michael Vick）為美式足球明星，曾因運作非法鬥狗而被判二十一個月監禁。

† 譯按：南非開普敦前任聖公會大主教，致力廢除種族隔離，一九八四年獲得諾貝爾和平獎。

總結來說，劣性會導致一個人在情況允許時產生違反道德倫理的思考與行為，但我們通常很難直接看出劣性，聰明人即便心存歹念也懂得如何在公眾面前掩飾。品格取決於心，而不是對外展現的樣貌。

另一種體悟

先前提到道德特質可以分為德性與劣性，這種分類方式普見於日常生活，我們會說某某朋友誠實、某某政客虛偽、某某演員自私、某某警員勇敢、某某企業家慷慨，諸如此類。

這並不表示誠實的朋友同時也會是憐憫、勇敢、睿智、公正、謙遜、慷慨、親切有禮的。亞里斯多德有個著名的主張，他認為具備一項德性的前提是具備所有德性；這個觀點被稱作「德性一體論」（unity of virtues）★。[16]時至今日，多數哲學家不認同這樣的一體論，畢竟誠實者未必慷慨，勇敢者未必謙虛，慈悲助人者接受他人援助時未必能親切有禮。

無論亞里斯多德的一體論是對是錯，對品格的探討依舊圍繞著德性與劣性。

★ 譯按：指德性是不可分割的，要有就全部有，沒有就完全沒有。

再想想看，你會如何形容自己的好友或另一半呢？不難想見也會是一張德性清單（希望沒有太多劣性在裡頭）。換成最討厭的政治人物，恐怕是一連串的劣性，找不到幾項德性。

然而本書目標之一，就是挑戰以德性和劣性描述他人的習慣。我認為：**事實上，多數人既不具備德性，也沒有劣性**。

我們的品格裡有其他機制在運作，但直到近期才受到重視。

在此先不多談這些神祕機制是什麼。我要強調的是，這並非高度抽象、純學術性質的討論。如果我們維持過去的模式，認定某人誠實、某人殘酷、某人仁慈、某人自私，我們就會繼續犯錯，無法真正理解品格究竟是什麼。

近來我任教的威克森林大學就出了一樁案例，帶來的教訓頗為慘痛。

托米．埃羅德（Tommy Elrod）原本備受敬仰，為人顧家、虔信又好相處。[17] 他與威克森林大學關係深厚，就學時期是美式足球校隊成員，之後擔任球隊教練長達十一年，直到二〇一四年因人事異動，他沒能保住教練位置，但看來轉換跑道很順利，繼續在校內擔任美式足球轉播員與投資管理部職員。[18]

接著故事來到轉折處：二〇一六年大家才發現，埃羅德離開球隊之後的兩年期間，竟然一直洩漏我方戰術給對手（尤其是路易維爾大學、美國陸軍學院、維吉尼亞理工學院）。消息傳開後，校園陷入錯愕與沮喪氛圍。

「大學時待過校隊，後來當了助理和教練，現在又是播報分析員，他怎麼會出賣母校，真讓人搞不懂。」總教練戴夫・克勞森（Dave Clawson）這麼說。「我們的球員狀況、內部運作、影片資料和訓練過程都無限制地開放給他，結果他辜負大家的信任，球隊受創甚鉅。」[19]

誤判一個人的品格導致何種失望、困惑、背叛，威克森林大學體悟非常深刻。更極端的情況還會帶來巨大的痛苦，甚至損及性命。

第二章

為什麼要培養好品格？

內心被激起的那份澎湃情緒正是在告訴我們，為什麼我們應該努力變成更好的人。

我家三歲兒子到了凡事「為什麼」的階段。

「爹地，為什麼我要收玩具？」

「房間才不會亂七八糟啊。」

「爹地，為什麼房間不可以亂七八糟？」

「那樣才是好孩子啊。」

「爹地，為什麼我要當好孩子？」

「唔……」

怎麼對一個小小孩解釋這個問題呢？

當然，跟他說「因為我說了算」是個辦法，但無法令人滿意。「十五年之後你可以來上我的倫理學課，」這麼說恐怕也不是什麼好答案。

我被自己兒子問得無言（常發生），要是之後他又聊起這個話題，我決定不從「為什麼要做好事」開始，而是先說「為什麼要做好人」。此處的好人，指的是具有良好的**道德品格**。什麼樣的人符合這個描述？

前章已經討論過基礎概念，所謂的好人不外乎誠實、勇敢、憐憫、謙虛等等，也就是具有**德性**。接下來的問題則是，為什麼我們應該變成那樣子的人？德性與否、品格優劣究竟有何意義？

認真探討免不了需要長篇大論，而我在本章中將提出四點，也是兒子夠大之後我準備要告訴他的答案。

首先必須指出這個問題背後有個大前提，就是我們**尚未成為**好人，或說德性不足。倘若德性已經充沛，則無須多費唇舌。[1]

我想多數讀者不會否定這個前提，畢竟看看晚間新聞、讀讀二十世紀的歷史，對於現代人的品格應當不至於留下太過溫暖善良的印象。對此我也認同，並將在之後幾章藉由精闢的心理學研究加以系統化剖析；第七章結束時，我們對於大眾品格的面貌將有更清楚的認識，亦能證實多數人確實缺乏德性。

我們實際的品格與完美的品格之間存在差距。問題在於：為何要嘗試拉近這個差距？讓我以三位成功跨越鴻溝的人作為範例加以闡釋。

下水道裡的勇氣

時間回到一九四三年，納粹意圖殺光波蘭利維夫貧民區內的猶太族裔，上萬男女老幼被趕到大街上處死，僅少數幸運者暫時保住性命，但被送往集中營，至多僅能苟活幾個星期，情況十分危急。

猶太裔的維修工頭伊格納西．恰傑（Ignacy Chiger）得知納粹要進城來的消息，便與幾位信得過的朋友花上數週時間挖開一樓臥室地板，鑿了一條密道直通下水道。大屠殺開始之際，幾十人循著密道躲進地底。

他們原本以為過幾天就能重見天日，但希望很快落空。納粹在各處設置崗哨，要是誰從人孔鑽出去的話，肯定會被當場擊斃。恰傑與一同避難的二十多位親友、陌生人眼看就要活活餓死。

這時候救星出現，一位名叫利奧波德．索查（Leopold Socha）的波蘭籍水道工人，他很早就察覺猶太人的避難計畫，不但沒有通報納粹，還予以協助。逃亡當天他甚至親自帶領恰傑、恰傑的妻子寶琳娜（Paulina）和女兒克莉絲緹娜（Kristina）等人穿過陰暗的下水道抵達安全處：

> 狹窄地底一千人逆流而行進入另一條水路。再走片刻，穿過後牆便是一條橢圓形的隧道。到這兒就安全了。「我知道他會保護我們、照顧我們的。」這是那段

時間裡，寶琳娜少有的正面思考。[2]

索查確實照顧他們：

翌日清晨，索查提著光線微弱還嘶嘶作響的電土燈回來，他的兩個工人包平常應該塞滿沉重工具，那天裝的卻是麵包與馬鈴薯。他撕開麵包遞給大家，試圖餵飽這麼多張嘴。[3]

然而無論他多麼努力，住在下水道不可能舒適。後來猶太難民們在地底打造了五個住處，第一個是這樣子的：

附近路口有間公廁，就算從地面上看也髒得要命。公廁沖水時，穢物順著溝渠流入，有時候灑了滿地。大家只能瑟縮在石磚上任寒風吹得渾身顫抖、腳邊鼠輩橫行。這就是他們在下水道的第一個家：又冷又濕，瀰漫屎尿味。[4]

沒有索查的幫助，猶太人絕對活不下來。但索查那麼做冒了很大風險，倘若被納粹發現，不僅僅是猶太人遭到處決，連他自己與家人都會遭殃。此外，送餐過程非常艱辛：

> 穿越汙水與泥巴的腳步聲持續三十分鐘，然後他們腋下夾著袋子、嘴裡咬著電土燈出現。那段路要鑽過「四〇」管線（直徑四十公分），所以他們出來以後總是氣喘吁吁、精疲力竭。[5]

索查的動機並非怨恨、厭惡，而是真切的關心：

> 聽到熟悉的沙沙聲代表索查到了。堆滿笑意的面孔、一口反光的白牙，傳遞出內心的善意。「對我來說，他就像守護天使，從另一個世界過來保護我。」克莉絲緹娜回憶道。索查將麵包裝在鐵罐裡，然後他與伍羅布萊夫斯基（Wroblewski）會和猶太人們一起分享咖啡。每天索查都將自己的午餐分些給孩子們吃。[6]

他就像團體的一份子，也是值得信賴的家人和朋友。「每天索查到了之後，會先去探望孩子，花點時間陪他們玩，或者做些小玩意兒逗他們開心。」[7]有段時間恰傑的女兒克莉絲緹娜陷入嚴重抑鬱，索查發現以後非常擔心：

> 他把我抱在腿上，輕聲對我說話。他說故事給我聽、叫我別怕……「總有一天妳可以出去曬太陽、呼吸新鮮空氣，不會等太久的。到時候妳就能像其他小朋友一樣在外面玩耍……我會幫妳，別怕。我會陪著妳和帕維，不會丟下你們不管……」
>
> 他還帶我到下水道另一個角落，從那邊看得到陽光，應該是個人孔。索查把我舉高，讓我看得更清楚。他要我深呼吸：看！有太陽……
>
> 印象中，那天過後我就慢慢恢復正常，會和人講話、互動，也肯吃東西了。[8]

後來猶太難民再也付不出錢給索查買東西，即便如此他仍未棄他們於不顧。他們在一九四三年六月一日躲進下水道，直到一九四四年七月二十八日俄軍解放利維夫才重見天日，足足等了十四個月。原本二十人，最後只有一半存活：

他們一個接著一個從地底回到陽光下，眼睛睜不開、身體虛弱至極、臉上掛滿淚痕……外頭眾人目瞪口呆，沉默地直搖頭。混亂中只有索查抬頭挺胸、驕傲地望進同胞眼裡。

「我做的，都是我做的。是我把猶太人藏起來了。」[9]

索查的義舉被寫進羅伯特・馬歇爾（Robert Marshall）的著作《利維夫的下水道內》（*In the Sewers of Lvov*）。[10]

白宮裡的誠信

一九一七年，阿隆佐・羅謝爾德（Alonzo Rothschild）在《誠實的亞伯：從亞伯拉罕・林肯早年生活看誠信》（*Honest Abe: A Study in Integrity Based on the Early Life of Abraham Lincoln*）一書開頭是這麼寫的：

想瞭解亞伯拉罕・林肯的人格與成就，得先瞭解其誠信。誠信是他的根基與

本能，獨樹一格的思想言行將真實奉為圭臬，這項特質被徹底實踐……[11]

我想聽過利奧波德・索查的人可能不多，但沒聽過亞伯拉罕・林肯的人應該少之又少，他的諸多德性中以誠實最為著名。[12]以下是他早年當店員時的兩個故事：

就算是無心之過，只要對別人不老實，林肯就會一直良心不安。有一回他在伊利諾州新薩勒姆市替老闆歐福特顧店時，來了個女性顧客買了不少東西，結帳金額是二點六二五美元。客人走了以後他重新驗算，卻發現那零點六二五是自己算錯了。夜裡鎖好門以後，他特別步行幾哩路，找到被多收錢的客人並歸還差價後，才安心地回家。

還有一次也是晚上正要關門，有位女士忽然進來想買半磅茶葉，秤重結帳之後他收拾店面就回去了。翌日開張，林肯赫然發覺磅秤上留有四盎司的茶葉，暗忖是自己沒裝好，於是立刻再關上店門，趕在早餐時間結束前將茶葉送過去。雖然都是小事，卻足以看出林肯對誠信一絲不苟，換作重大國事想必只會更加謹慎。[13]

所以就像大家在傳記故事讀到的一樣，林肯年紀輕輕就得到「誠實的亞伯」這個外號：

林肯深受所有人信賴，還在當店員的時候就有個綽號是「誠實的亞伯」。這名號跟了他一輩子，他也未曾使其蒙羞：無論比賽或辯論、對象是人或動物，只要林肯出面裁判總是最具公信。任何爭議只要他在場就能調停，每個人都當他是朋友。林肯在大家眼中心地善良又理智，知識淵博又謙沖自牧，剛柔並濟、堅毅不拔，是新薩勒姆及鄰近地區最優秀的青年。[14]

他的誠信持續展現在其他場合，例如：

所有資料都顯示，林肯作為執業律師期間對工作與案件也極度正直誠信。此外，一八三二年他與威廉·貝里合資在新薩勒姆開店，隔年就倒閉，主因是貝里酗酒。不久後貝里亡故，沒留下任何財產，於是林肯得扛下那間店的所有債務，總計高達一千一百美元——在當時這是個很大的數目，尤其對還在奮鬥的年輕人來說更是沉重負擔。林肯曾經開玩笑以「國債」比喻那間店的欠款……直到一八四八年終於清償完畢，他也因為堅持到底、清廉公正再度贏得世人尊敬。[15]

林肯的誠信不局限於事業，也表現在法庭上：

有椿案子特別彰顯了他的正直。當時林肯擔任被告的辯護律師，他相信當事人清白，但還需要一位關鍵證人作證。然而他發現證人宣誓後卻說謊，輪到他發言時，他竟說：「各位，儘管此位證人可以證明我方當事人無罪，可是他方才說的並非事實，因此請求各位不予採信並刪除紀錄。即使我方因此敗訴也無妨，我不希望靠這種方式勝訴。」[16]

林肯一輩子誠實，擔任總統時亦不例外。好友兼長期合作律師威廉·亨頓（William Henry Herndon）為他作傳時提到：「回顧他的特立獨行，終究屬那份對真實的熱忱最令人印象深刻，遠遠超越其他性格。林肯曾經說過他絕對不為任何人或利益而妥協心中最根本的真理，也以自己的生命做了印證。」[17]

慈悲在海地蔓延

崔西・季德（Tracy Kidder）在二〇〇九年的著作《愛無國界》（*Mountains Beyond Mountains*）中介紹保羅・法默（Paul Farmer）的故事，法默醫師是國際醫療組織「健康夥伴」（Partners in Health）的創建者之一。一九八五年，法默與幾位朋友前往海地的坎吉（Cange）提供義診，季德在書中描述了他們如何發展：

> Zanmi Lasante★成為當地最大的公眾健康醫療系統，每年協助大約九千名兒童就學，並在缺乏教育的地方設立學校，還僱用近三千名海地人、每天為數千名海地人提供食物、為窮困的病患建造住屋、為數十聚落淨化水源……目前健康夥伴直接照顧了三百萬左右生活困頓的海地人，占其全國人口七分之一，實際得到幫助的人數應該更高……提供高水準服務，並維持免費，且多數職員為海地人。[18]

健康夥伴的人道援助從海地向外擴展到祕魯、俄羅斯、馬拉威、賴索托、盧

★譯按：海地土語，即「健康夥伴」之意。

安達、蒲隆地。季德進一步提到：

健康夥伴現在的服務對象高達兩百萬名病患……僅將私人捐款的百分之五用於行政管理。地理上涵蓋的國家數頗多，但無論何處他們目標不變：減輕並終止人類的苦痛……僱員人數累積達到六千五百人，絕大多數來自接受援助的貧困國家，美國出身者不到一百人。[19]

輝煌成就可以追溯到法默等人最初的願景，以及他們一夥人的篳路藍縷。不過種種亮眼的數據容易使人忘記回頭看看法默究竟是什麼樣的人，以及他如何善待病人。例如在海地，他是這樣子診治患有愛滋病的提歐法：

「我說過，誰都有可能被感染。」法默說完打開辦公桌的抽屜，取出一個大塑膠瓶，裡面裝有茚地那韋（indinavir），是能對抗愛滋病的新型蛋白酵素抑制劑。當時沒有其他組織願意以最新的抗逆轉錄病毒（antiretroviral）藥物治療貧窮的海地人，或者應該說在這些貧困國家中，根本沒有誰願意幫忙患病的窮人……

法默醫生靠過去說：「希望你別自暴自棄。」

提歐法抬起頭表示：「和你說說話我覺得好多了，至少晚上睡得著覺。」他還有話想說，我相信他明白在這裡無須顧忌。「狀況實在很糟糕，住的地方太小害我老是撞到頭。家裡只有一張床，得留給孩子睡，我睡床下，醒來一個不注意就撞到。但我不會忘記你為我做的一切，醫生。生病以後沒人敢碰我，只有你肯坐在床邊摸摸我的頭，而且你在村子裡給大家看病到半夜，我們還得把狗都綁起來呢。」[20]

這並非個案，法默醫師投入大量的時間和精力認識每個病患，將他們當作真正的人對待，而且樂在其中。有一次法默醫師為了探視兩位病患，走了七個小時的路。季德描述他們抵達一處棚屋的情況：

目測起來，屋子長約二十呎、深約十呎，卻住了十個人。法默看了一會兒以後說：「嗯，看來不必做什麼環境檢查了，一到十分，這當然是一分。

「還好親眼過來看看，才知道狀況多嚴重，必須積極介入。」

我懂他的意思：得搭建有堅固地板與屋頂的住處、設法改善這一家大小的營養攝取、提供孩子學費。這不僅是善行，也完美詮釋了「法默模式」……

外界當然有不同聲音，讚譽法默心地善良的同時，卻質疑他做法不當。他站在人類學者、醫療外交大使、公衛與流行疾病專家的高度，凝聚社會力量為世上最嚴重的問題帶來新希望，卻又浪費七個小時給病人做家訪，而這樣絕望的家庭在海地還有很多……

我完全想像得到法默會如何回應：他絲毫不在意別人是否效法，也不會因此停止探視病患。對法默而言，如果說兩位病患不值這七小時，不啻宣布某些人的生命比較廉價，而那樣的心態正是世界諸惡的根源……有回在飛機上聊天時他提到：「能幫助別人，才感覺自己真正活著。」我想對法默而言，時不時回歸醫師工作的本質有其必要，唯有如此才能莫忘初衷與擇善固執。[21]

法默發自內心關懷病人。季德寫道：「好幾次我進去他房間都發現床鋪根本沒動過。他本來說自己晚上只睡四小時，過幾天才坦承，『我睡不著。總有人沒得到治療，想到我就受不了。』」[22]

為什麼要做好人的理由一：有德者值得尊崇且鼓舞人心

我挑選這三個案例是因為他們與我現階段的人生特別能夠產生共鳴。事實上有太多德性高尚的典範能大書特書：哈莉特・塔布曼（Harriet Tubman）★、德蕾莎修女、索傑納・特魯思（Sojourner Truth）†、孔子、蘇格拉底等人在不同層面都值得我們效法。

回到最初的問題：為什麼要當好人？在我看來，這些楷模人物就是答案。此處不是要老調重彈、搬出想像中哲學家一張嘴就停不下來的大道理。前面幾頁亦未堆砌辭藻說教，也沒有以任何方式暗示大家追求高尚品格。

這些優秀的**楷模本身**就值得我們關注。基於篇幅限制，我只能做很簡短、片段的敘述，但若深入瞭解他們的故事，就會感受到那股強烈的善，深深牽動我們的情緒。

也就是說，我們之所以會想要增進德性、成為好人的第一個原因，在於情感因素。理論上多數人得知利奧波德・索查為了保護猶太難民甘願每天爬進下水道，內心會敬佩不已；對於花上七小時走到海地偏遠村落探訪病患的保羅・法

★ 譯按：美國的廢奴主義者，他本身直到二十九歲才脫離黑奴生活，後來冒險回鄉帶領奴隸逃亡，救出三百多人，也在南北戰爭中以軍護、廚師、密探的身份活躍。

† 譯按：美國著名的女權運動人士。

默，我們也深感欽佩。

但如果只停留在欣賞、敬佩就失去意義。人們也喜歡名畫或美酒，卻不會因此造成生活的重大轉變。感佩對象是德性楷模（無論虛構或現實人物）時會出現另一種情緒，心理學家稱之為**昇華感**（elevation）。

當昇華感浮現時，我們會覺得自己有所提升、獲得鼓舞，能量灌注心中，而且常常伴隨出現「生理的感受，胸膛溫熱、愉快，或者『微微發麻』」。[23]我很佩服索查保護下水道內的猶太人，受到他的善心與勇氣激勵，於是我覺得自己的品性跟著提升，更重要的是我會想要**效法**。不僅僅是從正面積極的角度觀察楷模，也希望自己能與楷模更相似。換言之，我想讓自身的品德更高尚，面對需要幫助的人能夠更慷慨無私。

看過電影《讓愛傳出去》（*Pay It Forward*）就能體會昇華感具有多大的感染力。劇中主角是一名七年級學生崔弗爾，他必須完成一份困難的社會科作業，主題是如何讓世界變得更好。他擬定了一個別出心裁的計畫：從自己開始，幫助別人不求「回報」，而是請對方將愛心「傳出去」，幫助另一個人（以此類推）。善行如雪球般愈滾愈大，成功觸發參與者內心的感動和昇華。電影結尾，數百名不認識崔弗爾的人站出來表揚他，因為他發起的運動激勵所有人變得更善良。

我們沒見過或者根本不可能見過的人（例如利奧波德．索查和林肯），或許難以引起太大共鳴。但願你我生命中都會有這樣一個人，或許是祖父母、社區熱心人士、乃至街坊鄰居，他們示範了某種良好德性，得到我們尊敬也激勵我們起而效法。

「效法」這個詞非常重要。目標不是變成對方，大多時候也不可能真的變成對方，比方說我當不上美國總統，年紀太大了也很難回頭讀醫學院當醫師，幫助躲藏在下水道的難民顯然也與現代社會情況脫節。

所以關鍵不在變成保羅．法默，而是效法他。換個方式說，就是更積極幫助世界各地的窮困者，無論以何種形式，而且伸出援手時要充滿人道精神，將對方視為活生生的人，而不是一筆筆數據。就彷彿保羅．法默本人站在我們的位置上，運用我們的資源與能力去處理眼前的困境、減緩對方的苦痛等等。[24]

同理，我們要效法林肯，保持誠信、絕不欺瞞，無論在職場、家庭或社交媒體上都一樣，即使那些言行只是出於「好玩」，或者會讓你更有面子。

最後要強調的是，我們敬佩、效法的對象可能在某個特定面向上表現得極為崇高，但他們並非完人。[25]所以像索查這樣的好人也有另一面：「通常他很和氣也愛逗大家開心，不過遭到輕視時脾氣也不小。」[26]甚且，猶太裔工頭恰傑曾說索查助人的真正動機源於：「想補償年少輕狂時的種種罪過，所以幡然悔悟，祈求上帝的赦免。這是最重要的使命……他相信唯有幫助我們遠離死亡，罪惡才會遠離自己的靈魂。」[27]果真如此，恐怕算不上什麼崇高的助人理由。

再次強調，我們無須變得和德性楷模一模一樣，重點是在德性上更接近對方。瞭解如索查這般善人的生平，或者陪伴年高德劭的奶奶時，除了為他們高尚的言行感動，也要明白他們終究是凡人。而內心被激起的那份澎湃情緒正是在告訴我們，為什麼我們應該努力變成更好的人。[28]

當然，理由不只一個，下面的也很重要。

為什麼要做好人的理由二：好品格讓世界變得更美好

想想那些良善的人做了什麼，再比對內心充滿殘酷仇恨的人又做了什麼，你希望自己生活在哪一邊？你希望自己的孩子變成怎樣的人？你希望他們長大以後讓世界變得更好，還是破壞這個世界？答案當然都是前者。如果對下一代有這種期望，何不現在就從自身做起？改變永不嫌晚，品格並非一成不變，即使速度緩慢但總能進步。所以我們也應該在道德層次上督促自己「成長」。

再以保羅．法默為例，數十萬人因他的善心而免受致命疾病所苦，這麼說毫不誇張。單單一個人的崇高品格就能造成如此巨大的改變，如果世上有更多保羅．法默該有多好。

相對的則是殘酷者能創造出多少可怕情境。利奧波德．索查工作的下水道附近就有集中營，營裡的納粹軍官是這樣的人：

有時候新一批婦孺囚犯抵達就會被他叫進自己別墅。小孩子沒用，過去以後被他從陽台丟到半空，拿槍當靶子打，而且時常當著自己年幼女兒的面這麼做，打中之後女孩還會給父親喝彩。此外，他也會瞄準操場上的勞動隊伍，看看能不能打落囚犯的鼻子、耳朵、手指，射中以後就親自過去將受傷的囚犯帶到操場另一頭，直接朝對方腦袋賞一發子彈。[29]

誰會想要生活在因劣性而充滿苦難的世界裡？因此第二個砥礪品性的理由，就是將世界變得更美好。[30]

為什麼要做好人的理由三：神要我們做好人

信奉猶太教、基督教或伊斯蘭教的讀者之所以應該努力成為好人，還有一個非常強烈的理由，那就是這三大宗教的教義都指出，神創造人類後對我們有所期待，其中包括培養良好的品行。即使我們偶爾會犯錯，但神並不希望我們鬆懈怠惰，應當一步一步（或許經由神的助力）接近祂最初設計的樣貌。

因此若是信仰虔誠者，應當理解自己為何應該追求德性，以及德性的惕勵必須**基於對的理由**。毫無疑問，部分信徒行善的動機只是為了來世的獎勵，但這種心態過於自私，追根究柢關心的還是自身利益。視利益為優先的人有可能憐憫（在乎的是別人）、誠信（在乎的是真實）或公正（在乎的是公平正義）嗎？我想很難。

當然，具有信仰的人也可能依不同動機行事。有些人敬愛上帝，相信上帝要自己變好，這種想法並不自私，他們關注的焦點往往超越自身。也有些信徒感激神賜給人類的一切，心中充滿崇敬與信任。[31]

若非上述三個宗教呢？品格在其他主流宗教★中依舊享有崇高地位，譬如《論語》說：

子曰：「為政以德，譬如北辰，居其所而眾星共之。」[32]

子曰：「好仁者，無以尚之。」[33]

子曰：「主忠信。」[34]

所以換作遵奉儒家或追隨其他讚揚德性的思想流派也一樣，都有改善品格的強烈動機。

那麼排拒所有宗教的人又如何？對他們來說，這一段就顯得沒有多大意義。不過還是有值得考慮的地方：希望人類具有善心善行的神靈，存在**機率**並非零，畢竟尚未有人提出百分之百確切的反證。寧可信其有、不可信其無，我們還是應該試著增進自身品德，以防萬一。[35]

★譯按：中文將「儒家」和「儒教」視作不完全重疊的兩個概念，但西方部分學者不做此區別。此外近代也有「孔教」。

所以第三個精進德性的理由對有信仰的人來說很重要，也值得沒有信仰者納入考量。

為什麼要做好人的理由四：好品格自有其回報

看見別人展現高潔的德性，可以振奮我們的心靈。好的品格能為他人造就更美好的世界，而且也是神對人類的期許，但是……

柴米油鹽的生活已經夠折磨人了，追求德性會不會奪走我們僅存的一點點快樂？沒錯，確實有人因此獲益，但整個過程對我們自己究竟有什麼好處呢？

看似非常自然的反應，然而有德者卻不這麼想。再回到良心醫師保羅．法默的例子，他睡眠短少、來回奔波於面臨醫療危機的國家而沒時間陪伴家人，還甘願花上七小時去偏鄉探訪病患，依常理判斷他應該早就被自己的善心給壓垮了吧！可是在季德的文字描述裡，法默醫師精神奕奕、活力充沛，比起大多數人顯得更有朝氣，畢竟診治病人是帶給他最多喜悅的工作，否則他也不會說：「能幫助別人，才感覺自己真正活著。」

實際上，增進德性可以經由兩種方式改善我們的生活。首先，我們能夠像法默醫師一樣，從中得到喜悅滿足；再者，德性的增進可以協助我們度過情緒或其他層面的困頓。舉例來說，德性高尚的人不會想要外遇或逃漏稅，就算機會出現眼前也不會經歷內心的天人交戰，事後更不會陷入罪惡感、東窗事發的窘態，更不用擔心罰款、離婚、甚至坐牢等種種形式的懲罰。避免這些惡果本身就是很大的好處。

在我看來這些都屬於常識。不過近期心理學研究將常識推得更前端，實證品格能帶來什麼實質好處。以下是研究三項重要德性所得到的發現：

感恩：增進健康、樂觀、正向情緒、工作滿意度、學業成就、生活滿意度。[36]

希望：增進當下與未來的生活滿意度、學業成就、工作滿意度，降低焦慮。[37]

誠信／正直：降低攻擊性，提高 GPA★，增進高階經理人的工作表現。[38]

無庸贅言，上述都是很大的優勢。

再進一步看看研究內容。以誠信與高階經理人的工作表現為例，賓州大學

★譯按：GPA 指「成績平均績點」，是美加高等教育體系對學生學業表現的評量方式。

的約翰・蘇西克（John Sosik）團隊分析高階經理人（如CEO、CFO）的品格特質，方法是由兩位直屬部下評量他們的誠信（以及其他項目），另由上司或董事會成員評價其工作表現。工作表現部分有五個問題，可以給予一至五分[39]：

一、您如何評價此人目前的工作表現？
二、與組織內外的其他經理人相比，您認為此人的表現水準？
三、此人未來五年內因其身為經理人的行動或行為而影響工作表現（可能是沒進步、遭降職或解僱）的機率有多大？
四、此人對公司整體營運績效的貢獻有多大？
五、請評價此人整體的工作效率？

調查結果明確顯示，經理人的誠信度與其工作表現具有高度相關。[40]誠信度愈高，工作表現評價也愈高。為什麼？蘇西克表示：「缺乏誠信的經理人難以做出周全的判斷以及得到信任與支持，也較少與共事者進行必要的溝通，無法在組織內部發揮高度人際影響力。」[41]

接著看看感恩。加州大學戴維斯分校的羅伯特・埃蒙斯（Robert Emmons）以及邁阿密大學的邁克爾・麥卡洛（Michael McCullough）針對感恩做了心理研究，並進行一系列實驗以瞭解抱持感恩的態度有何正面效益。[42]第一次實驗請到一百九十二位大學部學生參與，其中一些接受引導進入感恩的心理狀態：

生命中有許多大大小小值得感恩的事。回想過去一星期的生活，寫下最多五件讓你心存感激的事。[43]

另一組學生則被引導為煩躁的心理狀態：

有很多麻煩事會讓人心煩意亂。生活各個層面都可能發生麻煩事，不論人際、工作、學業、家庭、財務、健康等等。回想一整天的經歷，寫下五件你碰上的麻煩。[44]

還有一組學生則屬於控制變因的對照組。各組學生除了上述問題，還要回答另一份問卷，而且每週進行，總共十週，長達整個學期。

埃蒙斯與麥卡洛得到幾個有趣的結果：感恩組的學生對自己前一週的生活給出的分數，平均遠高於其餘兩組；對於接下來一週的期待程度也較高。更驚人的是，感恩組受試者回報的疾患症狀少於另外兩組；與麻煩組相比，每週運動時間則多出一個半小時！[45]益處相當多。

學界成果琳瑯滿目，但我們暫且先跳脫出來，因為前面幾段研究報告圍繞著對當事人的好處，理所當然會引來不解：先前明明提到行善不應該是為了自己，懷抱自私心態無法真正培養德性。的確如此。如果保羅．法默幫助海地窮人只是為了追求自己的快樂，那稱不上真心憐憫。如果林肯的誠實正直為的是名聲，便談不上誠信。如果利奧波德．索查保護猶太人的目的是贖罪，就並非真心關懷。

然而我們要記住目標與副產品的區別。開車是為了到達目的地，副產品（或者說附加效果）則是沿途兜風覺得爽快。對於有德者而言，報酬機制的邏輯與此相同——心懷悲憫者的**真正目的**是幫助受苦的人，這個目標非常明確；**副產品**則是幫助別人的同時感到喜悅與滿足。重點是對方，但過程給自己帶來一些好處。

雖然很難判斷，但我願意相信保羅．法默符合這個描述。他診治病人時特別有活力，不代表他是為了那份感受才給人看病。他是因為見人罹患重病、性命垂危才去幫忙，副產品則是看到對方康復時心裡特別暢快。

助人也會順道為自己帶來快樂，這是精進品格的第四個理由。

我很期待以後能與兒子討論上面四個或其他種種做好人的理由。但此時此刻，若他再問起為什麼要當個好孩子，我還是先想想如何接招好。

第二部
現代人的品格樣貌

第三章

助人為快樂之本？

或許少數幸運兒在助人這個品格層面上具備德性，但多數人還有很長一段路要走。

前面已經用了兩章的篇幅討論德性，也理解為什麼要努力培養德性。但我們的品格究竟是什麼樣子？家人、朋友、商場或球賽裡遇到的陌生人又如何？大家的品格是否禁得起考驗？

或許多數人都已具備德性，滿足於自己美好的品格，收穫前章提及的種種善果。但你真的相信是這樣嗎？尤其在今時今日的時空環境？隨便一翻，近代史上有兩次世界大戰，蘇維埃政權肅清了兩千萬人，在中國整肅異己的受害者更高達四千五百萬人，放眼望去世界各地都有人挨餓受凍，但多數人對這些事無動於衷。類似事件罄竹難書，只消看看晚間新聞也令人心寒——行文之際，ISIS斬首了美籍記者，烏克蘭、以色列、伊拉克、利比亞、阿富汗、敘利亞等國深陷戰亂。怎麼看都沒辦法拍拍人類同袍的背說，我們德性良好。

話雖如此，卻也無須斷言人類道德淪喪。另一種可能是大部分人沒問題，但造成各種禍亂的少數「爛蘋果」得到過多媒體關注。此外，眾所周知媒體傾向報導負面新聞，對無私、犧牲、愛這種主題較不感興趣。

所以先別看新聞吧，為求謹慎還是藉助經過控制的心理實驗來檢驗品格比較準確。理想的實驗應當從日常生活中觀察個人的道德行為，**而且當事人不能知道**

自己正在被實驗。如果無法實現這種條件，至少也得營造最貼近真實世界的實驗情境。

接下來四章的焦點就是這類研究。讓我們透過心理學家所做的有趣實驗，細細審視我們在助人、傷人、說謊、欺騙★這些方面的行為傾向。

你會伸出援手嗎？

週六午後你一個人在附近的購物中心悠閒散步，看到前面有個婦人提著裝滿商品的袋子，但袋底裂了一條縫，糖果一顆顆掉出來，而她似乎還不知情。四周沒有其他人能告訴她，你會怎麼做？

當然是過去幫忙！或許幫忙撿糖果，或許出聲提醒她。總之，你一定會做點什麼，對吧？

你可能正暗忖：**多數人**都會去提醒她，不是嗎？一看就知道有問題，花幾秒鐘時間提醒對方有什麼困難的，何況會去逛街的人通常就不趕時間啊。對方收到提醒後一定會很感激，學校老師和爸媽不都教我們助人為快樂之本？

★編按：說謊（lie）與欺騙（cheat），前者指以言語蒙蔽、誤導他人；後者指以不法或不公的手段達成目的。

可是根據康乃爾大學心理學家丹尼斯．雷根（Dennis Regan）團隊所做的研究，大部分人的表現恰好相反。雷根找了一位演員（心理學界俗稱「共犯」）飾演袋子破掉的路人，而他自己則暗中觀察商場顧客看見糖果掉落時會有什麼反應。二十名路過成人中只有三位會幫忙，其餘十七人任糖果落地逕自離開。[1]

每次我引述這份研究總是有人大感詫異，甚至懷疑實驗是否有瑕疵？演員演技不夠好？或者剛好那天去購物中心的「壞人」比例偏高？

或許，只是或許，研究結果沒有任何不正常。事實上，過去六十年裡有數百項研究以人類在各種情境下是否會助人為主題，其中極高比例的結論是：縱使只需舉手之勞，多數人仍舊**什麼也不做**。很令人沮喪是嗎？幸好希望尚未全盤破滅，也有不少研究發現，就算困難麻煩，還是很多人願意展現善意，而且完全是為了對方著想（而不是基於自身利益）。

本章就要觀察：面對助人的情境時，我們品格中最好與最壞的面向。看完以後你就會明白，多數人確實不具備惻隱之心……但也絕非史古基★。

★譯按：狄更斯作品《小氣財神》中的主角，故事之初唯利是圖、錙銖必較、絕不助人。

你今天罪惡感了嗎？

前面提到雷根團隊的研究，但其實過程沒有描述完整。成為受試者的顧客在看到別人袋子破洞之前會先被搭訕，一名男子走向前請他幫忙拍照。這名男子也是雷根請來的演員，每次攀談過程都會提及手上的相機很脆弱（看起來也很貴），接著理所當然受試者在操作相機時快門就卡住了。男演員要對方別擔心，還說相機就愛「耍脾氣」，不是對方的錯。等顧客離開，經過幾間店面，就會遇上提著破袋子的女演員。

相機事件對於受試者是否助人會有影響嗎？會改變你對受試者行為的預測嗎？我想不至於。這些人並沒有因為快門卡住而被怪罪，或許會感慨相機主人運氣不好，但不會把這件事擺在心上，更不可能在道德上構成不幫忙別人的藉口或理由。

先把這二十位受試者擺一旁。或許你覺得奇怪，雷根團隊煞費苦心設計相機這個橋段，道理何在？其實前面這二十個人只是**對照組**，真正的研究對象是另外二十名**實驗組**的顧客。（當然他們也都不知道自己成了研究樣本！）

雷根將前面的劇本做了修改，這回相機主人會責怪實驗組的對象，說是他操作錯誤才弄壞機器，維修費十分高昂，都是他們不好。

你是否要修正預測呢？相較於對照組，被怪罪的實驗組會更願意、還是更不願意幫助袋子破掉的女士？得到的數據很戲劇化：實驗組有百分之五十五（二十人裡有十一人）的人會過去幫忙；對照組僅百分之十五。[2]

為何差距這麼大？

一個可能的解釋與**罪惡感**有關。罪惡感這種情緒通常起於我們做了違背自己價值觀的某件事（或沒做某件事）。[3]想想看上回好朋友請你幫忙，而你忘記了，後來是不是經歷一番強烈的情緒反應？那應該就是罪惡感。同理，實驗組的受試者大概也因為弄壞了別人的相機而感到自責（至少心裡這麼覺得），不久之後一個助人的機會就在眼前，罪惡感發揮了作用，驅使他們伸出援手。

看來雷根似乎證實了罪惡感與助人有關，而且他並非唯一有此發現的心理學家，還有幾十份研究都顯示同樣結果。[4]為什麼罪惡感會促使我們幫助別人？人類心理的什麼機制能夠解釋這個關聯性？

儘管多數心理學家同意罪惡感與助人行為相關，對於原因則莫衷一是。不過

罪惡／緩解模型（guilt-relief model）[5]漸漸受到矚目，主要概念是：若我弄壞了陌生人的相機或打翻他的書本，內心不只會出現罪惡感，也會希望消除或至少消減那份感受。這時候助人的行為派上用場，幫助別人能使自己好過一些，由此推論罪惡感能夠促進助人的行為。圖3.1即呈現這樣的概念。

所以下次當你心懷罪惡感而別人剛好找上你幫忙時，你就應該多加留意，這時候適合放慢步伐自我檢討。或許你在好友背後說了壞話，現在對方請你開車送一程或幫忙搬沙發；或者在電視廣告上看見飢童，然後正好有了捐款的機會；可能最近正因為沒空陪女兒心裡忐忑，她就過來請你指導課業。捫心自問，這種時候你是不是更傾向幫助對方，如果答案是肯定的，恐怕增加的動機都源於想要減輕罪惡感。[6]

容我再次擱置罪惡感的話題，看看針對助人的心理學研究是否在其他地方也找到類似規律。

我對自己做的事情感到罪惡

↓

我想要減輕罪惡感

↓

有個助人的機會能減輕我的罪惡感

↓

助人的動機增強

↓

我比起平常更有可能幫助別人

圖 3.1　罪惡／緩解模型

做好事是為了避免尷尬？

假設你成立新的志工組織想服務社區，領導層級聚首開會，大家花了好幾個小時集思廣益研究如何吸引民眾參與。你們目前的方案很標準，包括設置網站及臉書專頁，但也希望再積極一點，直接出去發放志工報名單。大夥兒思考著：要去哪裡發放比較好？學救世軍★把傳單放在雜貨店外面？還是鎖定中學校園裡年輕有活力且充滿理想的莘莘學子？不然就到老人社區，因為那裡的居民比較有空閒？你們尋思究竟何處最容易招募到新血，但我猜答案絕對出乎你的意料——公共廁所外面！

美國北卡羅來納大學夏洛特分校的亞尼・卡恩（Arnie Cann）和吉兒・布列克韋德（Jill Blackwelder）研究證實，公共廁所外非常適合攔路求助。他們進行試驗，不知情的受試者走出公廁僅三呎（約九十公分）時就被陌生人攔下並表示：「我有急事得趕過去，但朋友急著要這些資料，能不能麻煩你幫我交給她？」受試者同意的話，就會被告知地點（大約一百三十呎的距離）。設計良好的實驗自然會有對照組，對照組的受試者同樣遭到陌生人攔截，唯一差別是地點在走廊

★譯按：一八六五年於倫敦成立的慈善組織，也被稱為「以愛心代替槍炮的軍隊」。

而不是公廁出口。兩組會有很大的差異嗎？我想應該不難預料：[7]

同意比例
公廁外：80%
對照組：45%

小小的情境改變再度造成巨大的差異。這次又是什麼心理機制在作怪？雖然我們還是可以嘗試用罪惡感來解釋分析，但針對公共廁所似乎沒那麼合理，更貼切的情緒描述會是**尷尬**。我們對外都想保持某種形象，一旦做出違反那個形象的行為而且被人看見，心裡就會湧出尷尬的感受。[8]當著眾人的面前絆倒摔跤是很尷尬的事情，對吧？那麼自己一個人在家絆倒又如何？還會尷尬嗎？會煩、會惱，但不至於尷尬才對。類似的情況還有鈕子沒扣、拉鍊沒拉，若是還沒出門前就自己察覺的話，根本無所謂；如果是別人開口提醒就尷尬了，原因之一是會給人留下粗心大意的印象。

卡恩與布列克韋德試驗的情境（上廁所），也會挑動大家內心的尷尬。而他們發現尷尬就像罪惡感一樣，能夠促使我們助人。其他心理學研究亦得到同樣的結論，可以肯定尷尬與助人之間確實存在關聯性。[9]

可是為什麼呢？按照常識判斷，感到尷尬的人應該想要迴避人群，理當是會避免幫助別人，不是嗎？換作是你自己，可能就加速逃跑？

如同罪惡感，尷尬和助人之間的關係目前還沒有絕對共識，但也有個**尷尬／緩解模型**（embarrassment-relief model）漸成主流，核心概念就是一旦人覺得尷尬時，就會想要消除那樣的感受。當然，消除尷尬不是只有助人一途，也可以離開（掩面飛奔）、迴避（轉移話題）、找藉口（吃藥讓我忍不住放屁）、運用幽默感（肩帶比我還會挑時機）等等。但如果情境適合，尷尬也可能轉變為助人的力量。在上述試驗的情境下，換作是我不會迴避或逃走，反而為了避免難為情而變得更加主動積極。與罪惡感的情況一樣，這時候幫助有需要的人會讓自己的感受好很多。[10]

由於尷尬／緩解模型和罪惡感的機制十分接近，在此不加贅述。值得注意的是，關於尷尬有其他研究結果令人不安，其中焦點不在尷尬的緩解，而是迴避。換句話說，當事人的選擇不在於如何解除尷尬，而是從一開始就避免讓自己陷入尷尬的處境。

一九六九年，哥倫比亞大學的比布・拉泰（Bibb Latané）與茱蒂絲・羅丹（Judith Rodin）兩位學者進行代號為「落難女職員」（Lady in Distress）的實驗，研究主題就是人會如何避免尷尬。想像一下如果你是自願參與的受試者會做何反應。情境是：你同意參與一次市場調查，於指定日期到了現場以後，被一位女性工作人員帶進一間小辦公室，你坐下填資料時她走進隔壁房間。過了四分鐘……

> 仔細聽就知道她站上椅子要拿放在架子上的書。就算沒有仔細聽，也一定會聽見很大的碰撞聲，以及女子從椅子上跌落後的慘叫聲。「唉呀，天吶，我的腳……」她這麼叫道：「我……動不了了。喔，我的腳踝……我……推不開呀。」她反覆呻吟大約一分鐘，音量愈來愈小。[11]

換作是你會不會做點什麼？就算只是出聲問問對方是否平安？

拉泰和羅丹將受試者分組進行試驗。第一組的受試者都單獨在房間填寫資料；第二組則與一個素昧平生的人共用房間；第三組也與陌生人同房受測，但實際上那個人是預先安排的演員，絕對不會對碰撞聲做出任何反應。

想像一下換作是你在這三種情境下會有什麼反應。想必有人認為沒有差別，反正無論什麼情況都應該試著幫忙，不是嗎？但現實的答案卻是——不見得。各組受試者伸出援手的比例如下：[12]

單獨時	70%
與陌生人共處一室	40%
與演員共處一室	7%

即便顯然有位女士受了傷需要協助，第三組才只有百分之七的人願意幫忙。如果你和他們多數人一樣，恐怕就會裝作沒聽見她的慘叫。

討論尷尬的角色之前，先來看看結果同樣出人意表的其他研究：[13]

與受試者切身相關的緊急事件：當濃煙竄入屋內，相較於單獨的受試者，非獨處的受試者較不願意幫忙。[14]

他人身處險境的緊急事件：聽見一位男士癲癇發作[15]、一名維修工人在隔壁房間從梯子上摔下來[16]、一名男子似乎觸了電而發出哀號[17]，相較於單獨的受試者，非獨處的受試者較不願意幫忙。

涉及犯罪或不道德行為的緊急事件：看見小偷竊取接待人員的錢[18]、年輕人偷走店內的啤酒[19]、有人打小孩[20]，相較於單獨的受試者，非獨處的受試者較不願意幫忙。

非屬緊急事件但有助人的機會：遇上電腦光碟翻倒[21]、電梯裡有人不慎掉了硬幣[22]、協助修改資料[23]，相較於單獨的受試者，非獨處的受試者較不願意幫忙。

此外，並非只有實驗情境才如此。還記得本書開頭提到華特·范斯的遭遇嗎？黑色星期五去商場購物時心臟病發作，倒在地上好一會兒都沒有人上前援助，等到終於有人幫忙已經太遲了。雖是真人真事卻和前面提到的心態類似：有陌生人在場的時候，許多人就算看見別人有生命危險了，都不會出手相救。

為什麼？如何解釋這麼糟糕的行為？我想一九六八年拉泰與當時任教於紐約大學的約翰·達利（John Darley）兩人提出的解釋依舊最有可能。他們指出三個重要概念，分別是**責任分散**、**社會影響**，以及**圍觀抑制效應**（audience inhibition）。[24]此處無須過分深入，若讀者想進一步瞭解有趣的研究內容，我十分推薦兩人的著作《不為所動的旁觀者：他為什麼不幫忙？》（*The Unresponsive Bystander: Why Doesn't He Help?*）。

根據兩人研究，圍觀抑制效應似乎與避免尷尬最相關。所謂圍觀抑制，意思是當我發覺旁邊有愈多人在看時，我就愈不敢出手相救，以免最後發現「糟糕！人家根本不需要幫忙」，那不就尷尬死了。[25]圍觀抑制的心理過程以圖3.2呈現。

這也解釋了為什麼親朋好友比陌生人更容易互相幫助。大部分人面對親友時較不焦慮，覺得稍微出糗也無妨；但在不認識的人面前，又是另一回事。

所以就算我們預期自己樂於助人，也必須認知到如果與陌生人共處一室，而陌生人聽見求救卻紋風不動時，其實我們很有可能也會放棄作為。我們可能心想，或許眼前這位陌生人知道對方

我認為這個人可能需要我的幫忙

↓

我認為幫忙他反而會讓自己陷入尷尬

↓

我不想讓自己尷尬

↓

助人的動機降低（或消失）

圖 3.2　圍觀抑制效應與助人行為的關係

為何慘叫而自己不懂，或許是自己耳朵有問題沒聽清楚，總而言之，有個不認識的人在場，還是別輕舉妄動免得丟臉。

關於助人的光明面

一路看下來可能很多讀者會感到沮喪，研究裡居然那麼多人連撿個糖果、送個文件之類的小事也不願意幫忙，難怪像是有人出了意外之類的緊急事件也會不聞不問。甚且，如果助人只是為了抵消罪惡感或逃避尷尬，似乎也不怎麼光彩。難道我們的品格只有這點程度？

幸好實際上人類的程度可以好上很多很多，而且必要的元素已經內建在品格裡。換言之，多數人擁有與生俱來的天賦能夠伸出強而有力的援手，而且還是出於純真無私的理由。究竟什麼天賦這麼厲害？

同理心。

想像自己是個大學生，教授講課到一半忽然提起同校學生凱蒂・班克斯的新聞，並表示要播放一段廣播訪問，但播放前他指示：「請將注意力放在技術層面上，分析這段訪問以什麼技巧方式打動聽眾，效果又如何。」[26]

接著你就聽到了凱蒂的故事，非常可憐。她的雙親和長姊死於車禍，三人沒有保險，她底下還有弟妹需要撫養，雖然剩一年就能畢業，但若沒有援助恐怕就得將弟妹交給別人收養。

狀況很慘，真的很慘。

幸好這位教授正設法幫忙凱蒂。他拿出一個信封，裡面有凱蒂寫的信，內容提及自己需要哪些支援，例如她晚上有課時幫忙照顧弟妹、修理住處的東西、開車接送、打打電話、協助將募款傳單裝入信封等等。[27]

你會如何回應？我不知道，但在實際的情境下，大部分學生都傾向縮手：[28]

對照組：自願協助者37%　平均義工時數0.60

而且要注意的是，故事主角並非陌生人或另一個國家的居民。學生們都知道真有此人，而且就在同一所學校。

剛才說要看點好消息，這種數據不是令人更加沮喪嗎？沒錯，不過振奮人心的來了。上面說的是對照組，但在實驗組裡，教授改變指示中的兩句話，沒有要求學生注意技術層面，而是說：「想像一下凱蒂・班克斯會有什麼感受？她的人生受到多大的影響？去體會一下她的遭遇、她的心情。」[29]

簡單一句話就能夠改變人的行為嗎？真的可以：[30]

同理心組：自願協助者76% 平均義工時數1.33

在我看來差距極大。請受試者設身處地為他人著想以後，他們更願意提供自己的時間精力去幫忙。顯然教授的說法觸動了學生的心理，其中關鍵就是同理心。同理心是相當複雜的情緒，也是哲學家與心理學家一直想要理解的一種人性。以凱蒂的案例來看，同理心似乎有兩個重要元素。首先是代入自身處境去想像她的經歷，也就是**觀點取替**（perspective taking）★。再者則是自己確實體驗了她的感受，亦即**情感代入**（empathetic feeling）。以她的觀點看事情、經歷她的感受，兩者相乘激發出助人的動機。

圖3.3列出同理過程的主要階段。無論是否自覺，實驗中很多學生都經歷了這

★譯按：亦稱為角色取替、換位思考等等。

個心理歷程。

此處尋求義工幫助凱蒂的實驗是以堪薩斯大學的學生為受試者，但他們不知道的則是該校其實並沒有凱蒂・班克斯這號人物，那只是丹尼爾・巴特森（C. Daniel Batson）虛構的人物。巴特森是目前活躍於心理學界的學者中我十分欣賞的一位。他在堪薩斯大學進行的研究多數以同理心為主題，觀察人類行為會受到什麼正面和負面的影響。他設計了很多實驗，在我看來都是測試品格的好模型。[31]

三十年的研究生涯中，巴特森在至少五十項不同實驗中發現同樣的規律：當同理心被激發時，人們傾向助人，不只幫一點點忙，也不只是做點小事，而是甘願付出大量時間和犧牲自己的方便。總算有了點好消息。

巴特森之所以享譽心理學界，不單是因為發現同理心和助人行為之間的強烈關係（同樣的結果其他學者也

我想像凱蒂失去父母與姊姊後的生活

↓

我能稍微感受到她遭遇的困難

↓

我想做點什麼以減輕或終止她的痛苦

↓

我想幫她募款是個有效的辦法

↓

我有更強烈的動機去幫她募款

↓

我更願意去幫忙募款

圖 3.3　同理心如何幫助凱蒂・班克斯

有注意到），而是他解釋了兩者之間**為何**相關。你或許以為接下來又會是一段故事，說明助人怎麼讓人心裡愉快、抒解壓力等等，畢竟才剛講過助人是為了消解罪惡感或尷尬。既然同理心使我們體驗了別人的痛苦，那麼幫助對方自然可以消除我們內心的負面情緒。不少心理學家就抱持這種論點，然而巴特森並非其中之一。

他支持自己命名為**同理／利他**（empathy-altruism）的假設[32]。在此主要的對比是利己（以自身利益為主）和利他（以他人利益為主）。想像你身為凱蒂・班克斯，同校學生法蘭克來家裡幫忙照顧弟妹，讓你晚上可以去上課。（附帶一提，法蘭克在之後章節會不斷出場協助解釋別的研究。）

法蘭克幫了很大的忙，每次都準時出現，對小孩也很有一套。有一天你出於好奇問他為什麼願意幫忙，他的回答是教授播放訪談給全班聽，要大家想像你的處境、生活受到多大衝擊，接著補上一句：

> 我當下便決定報名，在同學面前才夠酷。
>
> 我當下便決定報名，自己心裡才會舒坦些。

我當下便決定報名，隔天才不會充滿罪惡感。

我當下便決定報名，因為助人為快樂之本。

我當下便決定報名，不然履歷太單薄，加個義工比較好看。

乍看之下是不同答案，但有個共通點——都是成就自身（利己）。所有回答中，法蘭克真正關心的人都是自己，凱蒂只是滿足他需求的途徑。

你或許認為若是誠實面對自己，多數人的答案本來就不外乎上面幾種。然而巴特森透過實驗一再證明事實並非如此，人性中仍有無私奉獻的一面，不只是自私自利。上面的故事裡，法蘭克瞭解自我以後誠懇的回答會是：

因為我想幫忙，所以我決定報名。

因為我關心你，所以我決定報名。

就這麼單純，並非想要得到什麼好處或者規避懲罰，只是想幫凱蒂少些痛苦多點幸福。法蘭克的關注焦點不是自己而是凱蒂。這就是巴特森同理／利他假設的大要。巴特森提出大量研究佐證，說服了許多哲學家與心理學家。如果他的假設正確，不啻成功駁斥了歷史上最有名的一套觀念，名為「心理利己主義」（psychological egoism），亦即人類所有行為動機最終都是為了自己，縱使形式上是幫助有困難的人，背後仍以利己為中心。

巴特森同意在很多情境中心理利己主義是正確解釋，毫無疑問人類諸多舉措都是為了追求自身利益，幫助別人並不例外。試想連慈善捐款的真正用意也可以是減稅，幫助的對象其實是自己。但巴特森的研究證明我們並非永遠自私自利。大部分人都具有同理心，而且同理心能夠慢慢增強，一旦我們感受到別人的苦痛，會將焦點從自己轉向對方並伸出援手。這是十分令人欣慰的結論。

這一切與品格有什麼關係？

在廁所外面比較容易找到人幫忙，受傷的時候附近最好只有一個人而不是一群彼此不認識的人。很有趣的小知識，但究竟與我們的品格有何關聯？

關係還不小。本章提到的學術實驗顯示，在助人一事上，我們品格中有好的一面、也有壞的一面。據此我們可以對以下問題作出初步判斷：**多數人（包含我們的親友、長官、同儕在內）是否具備惻隱之心？還是心存自私、冷漠的劣性？**

首先我們得放下心理學家的思考模式，以哲學家的角度看待上述問題。

從惻隱之心開始。幾乎所有文化都崇尚這種德性。想想上一章提到的利奧波德・索查以及保羅・法默的故事，實驗得到的結論和他們的行為對比起來如何？

我想算不上太好。從罪惡感和尷尬的研究中，我們可以看到對照組的受試者大半選擇不作為。類似結果在心理學研究中隨處可見，例如助人與心情好壞、是否預期會被責怪、甚至是否能得到別人的同理都有關係。[33]

等等，想必有人會質疑：第一章明明講過再怎麼憐憫別人也不可能每次都幫忙，否則不出幾天就會精疲力竭且毫無自己的生活。所以上面說法未免太極端？

我不認為。沒錯，不合理的道德標準沒意義，但毋需太多時間精力的事情應當屬舉手之勞。[34]換言之，並非將畢生積蓄捐獻給饑民、窮一生之力扶助窮人才稱得上具備德性，保持助人習慣、至少從小事著手，就能稱之為良善。[35]

可惜實驗中的對照組表現不佳。即便只是花幾秒鐘時間送幾張紙給別人、開口提醒別人袋子破了，大部分人還是不願意幫忙。對照組代表的是更普遍的情境，也就是說大眾通常未能展現出惻隱之心。

一定也有人會說這些不過是微不足道的小事，重點在於真正的痛苦、創傷和攸關生死的大事。別人掉了糖果沒什麼，沒幫忙撿糖果的人還是有可能挺身而出與朋友共度難關。

我個人不認同。請各位想想，一個具有惻隱之心的人，看見有人散落一地的紙會做何反應？視若無睹？我心目中的道德楷模不該是這種態度。

撇開道德楷模，更重要的是別忘記有大量研究指向更深層的問題。譬如前面提到所謂「圍觀抑制效應」，也就是一般說的「旁觀者效應」（bystander effect）。當周遭的人都沒有反應時，你伸出援手的可能性也不高。

假如說了這麼多你仍然無法接受多數人缺乏惻隱之心的結論，請看看接下來這個更有說服力的理由。各項研究顯示，我們助人的動機實在談不上體面，畢竟若是心存憐憫，幫忙與否就不該取決於內心的罪惡感或尷尬程度才對。再回想一下道德楷模，例如保羅．法默或德蕾莎修女，難道他們只有尷尬的時候才會幫忙窮病者，不尷尬就不幫忙？或者有罪惡感才幫，沒有罪惡感就不幫？當然不是。

但實際情況是：在雷根團隊以相機和購物袋損壞做的試驗裡，心懷罪惡感的人願意幫忙者高達百分之五十五，對照組則僅百分之十五。拉泰與羅丹的研究中，受試者聽見隔壁房間的女士摔下椅子，獨處的受試者會試圖幫忙者高達七成，有陌生人在場時卻只剩下百分之七。

還有些前面沒引述的實驗：

羅伯特・巴隆（Robert Baron）在商場中藉由餅乾和肉桂捲的香味讓購物者產生好情緒。在這樣的情境下，有百分之六十一的受試者看見別人有難時會伸出援手；對照組則只有百分之二十五。[36]

法蘭克・魏揚（Frank Weyant）透過美國癌症學會徵募義工進行實驗，發現心情沉重者有百分之七十一願意幫忙；對照組則僅只百分之三十三。[37]

此外，要留意動機的問題。如前所述，以主流模型加以分析會發現罪惡感與尷尬增進了助人的行為，但其本質是自我中心，目的是減輕罪惡感或避免尷尬。[38]透過助人維持正面情緒或消除負面情緒也一樣，優先的是自己而非別人。[39]

真正具有惻隱之心的人則無論行為和動機始終無私，關注焦點永遠在於改善別人的處境。在助人的過程中可能有利益，也可能有損失，但那不是他的重點，因為動機出於無私時在意的並非自己。

總結來說，即使是撿拾掉落的卡片[40]或者換零錢[41]這種小事情，多數人通常並不傾向幫忙，即使幫了忙也很可能只是因為心裡有罪惡感或當下覺得尷尬，動機是為了自己而非別人。以上種種描述都不符合我們所知的德性，因此我的結論是：**多數現代人並不具備惻隱之心這項德性**。

不過我只能聲稱「多數」人，而不敢說「所有」人，因為實驗資料確實證明了**少數**人還是表現了一定程度的惻隱之心，例如在雷根的實驗中，對照組仍有百分之十六的受試者看見購物袋破了會出聲提醒。[42]

既然僅憑一次善行無法印證德性，我們應該對同樣的受試者做追蹤研究，根據他們在不同生活情境下所做的道德抉擇進一步判斷。可惜這種「縱貫性研究」(longitudinal studies)幾乎不存在於心理學界，主因是所需經費過高又太過費時。再者，想要長時間觀察一個人的生活卻不違反學術倫理，又不讓對方知道自己身處實驗以免行為起了變化，實在難上加難。

所以或許少數幸運兒在助人這項品格上具備德性，但多數人還有很長一段路要走。若上面這句話成立，是否就代表大部分人自私冷漠、麻木不仁？其實我們骨子裡和《小氣財神》的史古基沒兩樣？

要是沒有看前面的論述，連我都會同意了。不過同理心研究的成果大大挑戰了這個論點，從中能看到許多情境下我們確實樂於助人，甘願付出大量時間金錢。最重要的是，很多證據指出善行可以全然無私。就我所知，史古基可不是這樣的人。

所以我可以再度結論：**多數現代人並沒有自私、冷漠、麻木不仁等劣性**。我們的惻隱之心不夠，不代表我們就成了史古基。

事實是，大部分人處在高度拉扯、甚至極度矛盾中。一端是人類有無窮的行善潛能與高尚動機，另一端則是我們很容易放棄行善或為了自私的理由行善。這兩股巨大的力量同時存在我們心中彼此牽制，容不得看輕和忽視。

關於助人這件事，在此暫且告一段落。接著我們來檢視品格的其他面向，看看是否也有同樣的拉扯。

第四章

狠得了心，就傷得了人？

品格複雜多變，並不適合以德性和劣性這種二分法來理解。

有一天法蘭克看見學術實驗的徵募廣告，感覺非常有趣：附近大學的研究人員想瞭解人在壓力下的表現。他心想這個研究很有意義，而且也能輕鬆賺筆外快，所以當機立斷報了名。

到了實驗當天，他與心理學家見面，接著被帶進會談室。對方告知法蘭克，他的任務是測試隔壁房間另一個人，而研究員會在後面觀察。不過隔壁那個人目前無業，必須通過測驗才會有工作，於是事情變得複雜，這個測驗關係到對方的前途與家計，法蘭克心想自己馬虎不得。

測驗過程有三十二道問題。研究員告知法蘭克，若求職者答錯就要給予負評。評價一開始不算太嚴重（「目前為止你的表現不太好喔」），但求職者聽到以後還是會露出惱怒的神情，法蘭克也會知道，而且他能從電腦螢幕看見自己給出評語以後對方的壓力程度變化——當然是提高了。

顯然求職者沒有被事前告知測驗期間會遭到批評，而法蘭克都看在眼裡。儘管有點於心不忍，法蘭克只能繼續進行測驗。一次又一次，他給求職者的回應愈來愈尖銳：再這樣下去你過不了關、按照測驗標準你只能做低階工作。

求職者的處境愈來愈悲慘，壓力不斷升高，而且壓力愈大表現愈不好，再這麼下去一定會丟了工作機會。到了第十次評語時，求職者一度失控，開口「要求（法蘭克）別再說了」，而且「指控實驗者沒有將實驗性質據實以告，打算撤回同意書……到了第十四、十五次壓力訊號時，他陷入絕望情緒。」[1]

求職者的情況很糟，那麼法蘭克呢？有時候他看似內心矛盾，還開口詢問研究員是否應該繼續。當研究員清楚表示「請繼續」或「別無他法，必須繼續」，法蘭克也只好聽命。

到了第十三次負評時，求職者其實已經無法通過測試了，理論上法蘭克沒必要再說對方表現差勁，可是他沒有停手，而是繼續提問也繼續以言詞刺激對方，直到做滿三十二題、施壓十五次才結束。

求職者的情緒自然極其低落，因為他很需要這份工作卻丟掉機會。此外，他的體驗糟透了，被騙還被言語攻擊得體無完膚。

這些法蘭克都知道，他心裡也不高興，畢竟他沒有從別人的痛苦中得到快樂的癖好。實際上他「極度不願意增加對方壓力」。[2]然而他並不怪罪自己，也不覺得自己有責任，就他的立場來看，問題都是主導實驗的研究人員造成的，自己只是「代替研究員進行實驗」罷了。[3]不出所料，法蘭克對於求職者「極度冷漠」。[4]

真正嚇人的地方來了：法蘭克很正常，不是什麼「老鼠屎」；我們都和法蘭克一樣，多數人在同樣情境下也會做出同樣的事。

攻擊性與欠缺德性

之所以說多數人皆如此，是因為一九八六年維姆·穆斯（Wim Meeus）與昆騰·萊梅克（Quinten Raaijmakers）以同樣設計做了實驗。法蘭克是本書為敘事方便創造的虛構人物，但現實生活中很多受試者經歷了同樣的實驗過程，也一五一十地將所有傷人言詞都說出口。以十五句話來看，實驗結果的中位數是十四點八一，也就是說百分之九十一點七的受試者全部都說了！這也代表他們都執行到第十四與第十五句，**即使明知對方已經不合格了還是繼續刺激對方**。[5]

服從的念頭竟然強大到多數受試者願意欺騙求職者並施以言語攻擊。可想而知那些求職者都是穆斯與萊梅克找來的演員，反而是受試者並不知道事情真相。

這並非個案。歷史上有為數眾多的心理學研究旨在觀察人受到權威指示時會採取什麼樣的攻擊性行為[6]，其中最著名者當屬耶魯大學的史丹利・米爾格倫（Stanley Milgram）在一九六〇年代進行的一系列實驗，本章之後會引述。簡單來說，研究發現了幾個值得深思的現象：

多數人在權威者的施壓下，即使明顯有方法可以規避且不受懲罰，仍然會做出可怕的事情。

這些人雖然對自己的所作所為感到難受，但不足以強迫自己停止。

若事前詢問會採取什麼行動，他們不相信自己會做出那些事情，並且認為多數人都不至於如此。

可惜的是，這些發現確實吻合現實狀況。

最明顯的例子是屠殺猶太人。一九六〇、七〇年代許多關於攻擊性的研究都源於一個疑問：為什麼看似「正常」的德國公民，會搖身一變成了劊子手，對猶太人和其他少數族裔趕盡殺絕？較近期、規模也較小的則是伊拉克巴格達中央監獄的虐囚事件，同樣廣受心理學家關注。[7]

從歷史來看，人類的品格不怎麼美好。上一章討論了助人行為以及惻隱之心，本章主題則是傷人，以及什麼樣的德性能夠遏止我們在沒有正當理由的情況下就去傷害別人。

最後一句很重要。在某些情況下，傷人可以有正當理由，比方說遭到搶劫或射殺恐怖分子以阻止炸彈引爆。無論與傷人相對的德性是什麼，都無法否定上述行為的正當性。

既然話題總是回到動機，可想而知不傷人也是有「好理由」的。假如你的孩子有機會可以欺負笨手笨腳的新同學，但他自己選擇不這麼做，這是值得鼓勵的好事。但若孩子之所以沒動手只是因為怕被退學，這樣的心態就有待檢討。基於關心對方、不希望對方痛苦、不願侵犯其尊嚴或權利而不傷人，是道德的良好典範；如果只是怕被老師、上司、警察抓到和懲罰，就不是道德上的好理由。

對應的德性叫做什麼呢？可惜沒有簡單易懂的詞彙能夠表達。就像助人的行為時常被稱為「同情或憐憫」，哲學家在描述不傷人的行為時稱作「不傷害」（nonmalevolence），不過這並非一般生活用詞，所以我們姑且稱之為「適當的克制」（proper restraint）。

如穆斯和萊梅克的研究所示，我認為多數人並不具備這項德性。在前述的例子裡，法蘭克對求職者說了傷人的話，之後又將責任推給研究員，但其實他明明可以選擇放棄參與實驗。先前提到，許多實驗發現大部分人都會服從權威。

等等，這些算是特例吧？或許多數人的確會聽從權威傷害他人，但日常生活中那樣的情境發生機率有多高？就不傷害他人這一點來看，大部分人都算是好人吧？直接結論說人類缺乏適當的克制這項德性，是不是太草率了點？

我不認為，而且我想布萊恩·史托（Bryan Stow）也有同感。或許有人記得二〇一一年三月，時年四十二歲的軍醫史托先生看完當季第一局棒球賽，從道奇體育場走出來以後在停車場被襲擊的事情，嫌犯是道奇隊球迷路易·桑齊斯（Louie Sanchez）和馬文·諾伍德（Marvin Norwood）。史托被他們痛毆到眼睛睜不開、嘴巴也說不出話來，陷入昏迷性命垂危，因為腦部受重創而肢體癱瘓。他究竟犯了什麼過錯要遭到這種對待？顯然只因為他是敵對陣營舊金山巨人隊的支持者。[8]

我的意思並非大家都濫用暴力，事實上多數人從未下這麼重的手。我也不是說多數人有暴力傾向或思維，上述確實是個比較極端的例子。但我確實認為多數人在不少情境中，會表現出一定程度的攻擊態度。當然通常最後並不會演變成暴力衝突，畢竟誰都不想坐牢、丟工作、失去小孩的監護權或者被對方重重反擊。可是無論是否意識到，我們內心深處確實潛伏著一股攻擊的衝動。

這個主張的依據何在？有關攻擊性言行的研究並不僅於服從權威。有許多論文以其他方式檢測我們在傷害他人這件事情上的表現。在此引用其一。威斯康辛大學麥迪遜分校的心理學家倫納德・貝科維茨（Leonard Berkowitz）是攻擊性表現的研究權威，在其經典實驗中，每位受試者與一個陌生人配對（實際上是貝科維茨安排的演員），兩人必須合作為歌手做企劃，目標是提升形象與唱片銷量。瞭解任務以後，他們被安排在不同房間內，座位上有電擊裝置。

最初由演員評估受試者提出的企劃書，並根據結果施以電擊（評價愈差電擊次數愈多）。實驗安排受試者只會受到一次電擊（極輕微的刺激），接著輪到受試者去評價演員的表現，同樣可施加電擊。[9]

可想而知，由於受試者已經受到電擊，所以他的回應會帶著些許的報復心態，但不算嚴重：[10]

回應的電擊次數平均	2.60
電擊時間平均（單位為千分之一分鐘）	17.93

不過這只是對照組。在真正作為觀察對象的實驗組身上，規則完全不同，每次演員都要給予受試者七次電擊！[11]

輪到受試者回應時會如何呢？別不相信，他們心中有氣：[12]

回應的電擊次數平均	6.07
電擊時間平均（單位為千分之一分鐘）	46.93

也就是說，受試者打定主意要讓對方嚐嚐同樣的痛苦，於是給予的電擊次數和持續時間都超過演員該受的懲罰。

類似結果也出現在其他實驗中。心理學家深知如何在實驗室內激發人的攻擊性，有的實驗做法包括直接辱罵。[13]受到挑釁後，受試者多半更願意以強烈音量還擊[14]，或者對研究員[15]、求職者[16]做出負面評價。也有實驗操作環境因素誘發攻擊行為，包括室內溫度、播放含有暴力畫面的電影、武器投影片、背景噪音、暴力電玩、噁心氣味、擁擠空間、空氣中的離子狀態，甚至連臭氧比例也測試過。[17]

想想你心目中具有德性的人。每當我想到耶穌、德蕾莎修女或保羅・法默的時候，根本無法連結到那些實驗結果。有德者應該能克制自己，就算有人敲邊鼓，也會避免言語抨擊造成對方情緒失落。依此類推，即使對方先動手，有德者也不會反覆施以電擊造成痛楚。氣味、噪音、高溫、甚或當面羞辱，都不至於使有德者像上面那些受試者一樣，以傷人作為回應。他們會展現更高的克制。

再說下去沒完沒了，就此打住。相信大家都能在自己和認識的人身上看到何謂攻擊傾向，因為幾乎每個人都經歷過氣得口不擇言、情緒不佳時對親友吼叫、在同事背後說壞話、嘲弄別人的穿著打扮，以及內心深處渴望傷害敵人、對手、競爭者。若目光再放廣一點，想想電視和報紙上都是些什麼新聞？最新一起校園槍擊、持武器搶劫、性侵、軍事行動……壞事多到數不清。

適當的克制這個德性堪稱罕見，我想無庸贅言大家也能體會。我認為值得討論的，反而是與攻擊言行呼應的劣性，亦即殘酷。為了回答多數人是否殘酷這個問題，就要看看心理學史上最著名的一次實驗。

過去和現在的米爾格倫

聽過米爾格倫實驗的人應該會覺得它並不適合用來證明人類缺乏殘酷這種劣性，反倒應該是人類極為殘酷的心理學證據，畢竟那是**親手扼殺一條無辜生命**。

少安勿躁，我很快就會說清楚。首先看看米爾格倫實驗的基礎設計。[18] 我們的好朋友法蘭克又出現了，這次實驗要求他扮演教師監督學生接受測驗；學生當然是演員，但法蘭克不知情。在米爾格倫實驗最知名的版本裡，學生位在另一個房間，不過法蘭克能清楚聽見他的叫聲。（很熟悉吧？沒錯，穆斯和萊梅克針對壓力進行的研究，就以米爾格倫實驗為藍本。）

每次學生回答錯誤，法蘭克就透過機器施加電擊，並且逐漸提高電擊的強度。一開始是十五伏特（標示為「輕度電擊」），最高達到四百五十伏特（標示為「XXX」）。實際進行前，法蘭克自己先體驗過四十五伏特的電擊，瞭解學生的感受，也明白過程是真槍實彈。他不知道的則是事前安排好學生一定會答錯四分之三的答案，所以他勢必要面對加重電擊強度與否的兩難。

捲入這等古怪情境的第三人依舊是「研究員」，他和法蘭克待在同一個房間，穿上技師制服故作正式。假如法蘭克開始抗拒或出言埋怨，研究員有四種回應：最初是「請繼續」，最後則是「你別無選擇，**必須繼續**」。[19]倘若法蘭克執意抵抗，實驗就宣告中止；法蘭克配合的話，就一路做到四百五十伏特。

令人訝異的是，實驗過半達到最高電壓。米爾格倫發現，置身法蘭克的處境，百分之六十五的人願意施行（他們眼中）可能致命的「XXX」級的電擊，百分之八十用到二百七十伏特。[20]二百七十伏特就很可怕了，因為學生會發出慘叫，並且要求停止測驗：「放我出去，聽到沒？放我出去。」更不用說，法蘭克自始就被告知學生有心臟病，從一百五十伏特起學生就會表示：「夠了，讓我出去，我跟你說過我心臟不好，現在很不舒服。」[21]

實驗情境為什麼能夠有效在短短幾分鐘內，讓一個普通人搖身變成劊子手？研究人員判斷，沒有影響的因素包括：建築物類型（心理實驗室或一般辦公大樓）[22]、參與者性別[23]，或者實驗地點在哪個國家[24]。甚至後來發現連時代也沒有影響，實驗最初執行於一九六〇年代，不過有充分理由相信今天再做一遍仍會得到相近的結果。[25]得到威克森林大學「品格計畫」贊助的一支團隊，就以此作為研究主題。

之前很長一段時間沒辦法複製米爾格倫實驗，主要原因在於有可能造成持續的心理創傷，所以數十年來都受到倫理委員會禁止（也是應該的）。但巴塞隆納大學的心理學家大衛・格拉德普裘（David Gallardo-Pujol）領導的團隊想出了變通方案，不以真人接受電擊，改以電腦模擬人物在虛擬實境中進行，實驗設計可以參考圖4.1。

法蘭克再度進入實驗室，使用貨真價實的電擊器，身旁還是有一位真人研究員（不過這次沒讓研究員給予「請繼續」之類的指令），而且看得到電腦模擬人物答錯時因電擊造成「疼痛」而做出「反應」。

別誤會，法蘭克知道眼前那個人不是真人。拜尖端科技所賜，目睹虛擬人物慘叫時，我們心裡也不會好受。我個人在播放巴塞隆納實驗室的錄影畫面時，都難忍內心不適。

不出所料，儘管這回實驗的受試者都是西班牙成年男

圖 4.1　格拉德普裘透過虛擬實境複製米爾格倫實驗

性，得到的數據和當年的米爾格倫實驗差距不大：百分之七十二的人完全服從研究員指示，動用了最高級的電壓。[26]

根據米爾格倫、格拉德普裘與其他許多心理學家的努力，我想已有足夠證據支持下面這個論點：**多數人面對權威時會選擇服從，服從的強度足以使我們在某些情境中願意殺害無辜者。**

再度強調，這句話說的並不只是五十年前米爾格倫實驗的受試者，還包括此時此刻與你同辦公室、共乘一車、在講台上授課、甚至與你同床共枕的人。他們若處在特定情境下，確實能夠狠心傷害別人。你我其實亦然。

這實在說不過去，違反了我們一直以來相信的社會規範：不能任意傷害無辜者。[27]這個觀念根深柢固，何況服從命令傷人還要承擔生理上與經濟上的後果，包括有可能犯了殺人罪被關進監牢。此外，心理層面也有不可低估的代價，諸如自責、羞愧、失去尊嚴、情緒低落、焦慮和壓力。這麼多值得考量的因素，加上明知所作所為違反道德，難道不足以阻止我們將電壓升到最高級嗎？事實證明，很多人並未縮手。

要解釋這個現象需要很長的篇幅，但重點明確，就是**責任轉嫁**。[28]法蘭克愈是將傷害學生的責任轉嫁到研究員身上（「我只是聽命行事」、「錯的是他不是我」），就愈能夠接受自己對學生施加電擊。反之，若法蘭克認為自己要負責，就會傾向不使用電擊。

這一點從受試者的表態就能窺見一二。米爾格倫如此描述一位提早收手的人：「他覺得對方開口抗議後還繼續施以電擊，錯就在己，也不認同以權力結構作為免責理由。」[29]

與之相對的另一位受試者（研究員稱他為「老師」）最終動用了最高級的電流，實驗途中他數度中斷，確認責任歸屬問題：

受試者：我不負這個責任。他都在哀號了！

研究員：老師，您必須繼續。

受試者：（指著還沒問完的問題）你看看，還有這麼多。我的天啊，他再答錯怎麼辦？剩下太多了，要是他出什麼差錯，誰要負責？

研究員：有任何狀況由我來負責。請繼續。

受試者：好吧。

（又過了一會兒。）

受試者：你負全責？

研究員：對，我負全責。請繼續。

受試者繼續提問，盡快將剩下的題目唸完，並且施加四百五十伏特的電擊。[30]

在此案例中，受試者顯然抗拒提高電擊強度，言談間反映出愈來愈深的天人交戰。然而後來他找到了脫身之道，也就是將電擊傷人的責任都轉移給同室的研究員。完成這個心理建設以後，他就狠得了心按下四百五十伏特的電擊。

等等，一開始不是說米爾格倫實驗是要用來驗證多數人**不殘忍**嗎？怎麼看起來反而成了人性殘酷的鐵證。

別太快下結論。

我們不夠殘酷

羅伯特·哈里斯（Robert Alton Harris）生性殘暴。一九五三年出生的他，年僅十三歲時就因竊車而住進少年感化院；二十二歲時殺害弟弟的室友，被依殺人罪定讞。他施暴的對象更多是小動物。「他殺了很多貓狗……用拖把握柄、飛鏢、空氣槍虐待牠們，還笑得很開心。有一次他找上一頭得獎的豬，戳了牠超過一千刀。」[31]最後他被判處死刑，則是因為一九七八年七月五日的一個可怕決定。

他與弟弟丹尼爾預謀搶劫銀行，兩人先強占了一輛車，車內本來有兩個年輕人正在用午餐。車子開到偏僻處，羅伯特要他們下車自己走回家，「兩名年輕人走開以後，哈里斯緩緩舉起手槍朝其中一人的背部射過去……中彈的人大叫，然後癱倒在地。哈里斯追逐另一人進入小山谷，朝對方開了四槍。回去以後，先中彈那人還活著……哈里斯走到他身旁蹲了下來，用槍口抵著他的頭扣下扳機。」[32]

我想哈里斯應該就是所謂冷血又殘酷的人，也展現出我們多數人沒有的兩個特點。首先是暴力傾向，尤其是不會被人發現時。當然，殘酷的人未必時時刻刻都殘酷，第一章已經解釋過。而且殘酷的人聰不聰明有很大的區別，哈里斯是不聰明的那種。老闆或警察就在旁邊的話，殘酷但聰明的人會知道不要做出踹狗、破壞財物等等行為，以免被看見。

當不會受到懲罰、「報酬」又足夠明確時，就能看見人性最醜惡的一面。曾經在校園內風靡一時但已經停止營運的網路社交平台 Yik Yak 就是個例子，科技保障所有人的隱私權，殘酷者卻藉此機會大肆謾罵、詆毀、攻訐他人。

奇怪的是，反覆研究卻發現即使機會就在眼前且沒有代價，**幾乎沒有人因此選擇殘暴**。米爾格倫實驗再度登場，前面描述的只是最有名的版本，其實這個實驗還設計了十八種變化。在某些實驗情境下，學生沒有受到任何傷害。

比方說某個版本的實驗裡，研究員不以言語要求受試者繼續，反而表示作為老師可以全權決定學生答錯時要給予多少強度的電擊。換言之，受試者想要每次都按下最高級的電壓也無妨。不過受試者表現得很溫和，電壓總共有三十個等級，使用的平均值才五點五級，四十人裡有三十八人在學生第一次強烈表達不滿時就選擇住手。[33]

上述並非單一結果。如果電擊來到一百五十伏特時，而受試者從兩位研究員那裡得到了相反的指令，那麼每個人都會在當下或下一級就停手。[34]更有趣的版本是當研究員本人成為接受電擊的對象，由一位受試者擔任實驗監督，另一位受試者操作電擊，結果令人訝異——完全沒有受試者動用電擊，研究員初次表達不適以後大家都選擇終止。[35]

穆斯與萊梅克以求職者承受壓力的模式進行試驗，得到了同樣的結論。對照組的受試者可以自由選擇要說出幾次攻擊性的評價，最終沒有人真的將十五個批評都說完，平均只有六點七五次。[36]其他很多實驗也得到類似結果。[37]

與我想像中殘酷的人很不同。當受試者可以自由決定要給予別人很多或很少的痛苦時，多數人最後會選擇不動手。

還沒完。剛才提到羅伯特・哈里斯展現出殘酷的兩個關鍵特質，一個是暴力傾向，另一個則是行動時內心是否感到不安。根據資料顯示，他虐待動物時還笑得開心，殺死兩名少年以後，「面露微笑對丹尼爾說，假扮警察去告知對方家長死訊一定很有趣」。[38]他看著手槍上的血跡說：「我真的轟爆他的腦袋了！」然後猖狂大笑。[39]

可見哈里斯做那些事情時既無罪惡感也無內心衝突，後果如何亦不在他的考慮。心理學上所謂殘酷的性格也有同樣表現，虐待動物、藉由網路匿名霸凌同學（也可能直接霸凌）、趁機破壞美術作品等等，重點是他們的行動果決，事後也很容易調適情緒。[40]

再想想米爾格倫描述的實驗現場：「按下最強的電壓、研究員宣告實驗終止時，許多受試者大大鬆了口氣，抹抹眉毛揉揉眼睛；也有人慌張掏出香菸或重重搖頭，神情顯然很懊悔。」[41]他還寫下一段重要的形容：「我觀察到有位生意人態度成熟穩重，進入實驗室時笑容可掬且充滿自信。二十分鐘之後，他不停顫抖、說話結巴，模樣很狼狽，似乎快要精神崩潰。」[42]這像是我們認知中性格殘暴的人嗎？應該不是吧。不只米爾格倫，其他學者也有類似發現。[43]

相較於羅伯特·哈里斯，一般人的心理結構更複雜多元。沒錯，某些情境下我們會傷人，但是多數時候我們不會，就算沒人看見還是不會。同樣地，我們傷人的動機常常值得檢討，然而動機本身往往帶有矛盾衝突，事後又忍不住充滿罪惡與慚愧的情緒。

因此我的結論是：多數人並不具備適當的克制（傷人言行）這項的德性。但同時成立的是：多數人並沒有殘酷的劣性。

規律漸漸浮現了，也就是我們的品格複雜多變，並不適合以德性和劣性這

種二分法來理解。本章再度呈現出兩股對立的力量。有時候我們真的能狠下心傷人、折磨人、甚至奪走無辜性命；但相對地，我們也會展現出難以置信的溫和、冷靜以及克制。

人類內心的拉扯究竟是怎麼回事？現在還不到解釋的時候。繼續看下去，確認品格的其他面向是否也符合這個規律。

第五章

謊言百百種，為了什麼？

就說謊這件事而言，多數人稱不上誠實，卻也稱不上偽詐。

醜聞爆發，新聞照片上穿著四角內褲的男性，容貌與美國眾議院議員安東尼・韋納（Anthony Weiner）一模一樣。後來證實的確是韋納失手將那張照片上傳到自己公開的推特帳號，而他原本其實想要私下發送給一個西雅圖的女大生。

一開始韋納矢口否認照片是自己上傳的，聲稱帳號遭到駭客入侵。他說：「看起來像我，後來覺得有點不對勁，說不定根本是別人傳的。」[1]然而實際上他也曾經傳照片給其他女性，圖檔一一流出，大眾很快得知真相。於是二〇一一年韋納辭去國會議員一職，並在記者會上坦承：「發現自己將照片貼到推特以後，我整個人慌了，只好趕緊撤下照片，然後推說是駭客幹的好事，接著回不了頭只能想辦法圓謊。現在回想起來，真是個天大的錯誤。」[2]

但事情還沒結束，韋納辭職以後死性不改又繼續矇騙隱瞞，二〇一三年競選紐約市長時又與二十二歲女子有不可告人之事。[3]到了二〇一六年，他再度傳了僅著內褲的自拍照給另一位女性，影像裡還小的兒子就睡在他身旁，再度掀起軒然大波。[4]

韋納撒謊是無庸置疑的，主要自然是對他妻子，同時他在鎂光燈下還振振有詞，等於睜眼說瞎話欺騙整個社會。他的照片全都是自己拍攝、自己傳送的，而所有藉口都是想為自己開脫，只求保住好丈夫、好男人的形象。韋納反覆撒謊的背後滿是錯誤的動機，顯而易見是個偽詐之人。

韋納凸顯了撒謊的兩個關鍵特質。首先，說謊者知道自己所言不實，例如「照片裡的人不是我」。再者，他是存心那麼說的，用意就是騙人。牛津英語詞典（一九八九年版本）對謊言（lie）有個很精簡的定義：「意圖欺騙他人的虛假說法。」這兩個特質直指說謊的核心。[5]為了掩飾自己對色情圖像成癮、為了說服別人自己的新作品多棒、為了在面試時誇大自己的資歷，很多人都會說謊。

安東尼·韋納當然不誠實，但他是特例，還是常態？

說謊行為

所幸我們有些線索可循，這都要歸功於頂尖心理學家貝拉·德波羅（Bella DePaulo）數十年的研究成果。[6]德波羅的專業生涯大半在維吉尼亞大學授課，她曾經在夏洛特鎮（Charlottesville）徵求實驗受試者，請他們記錄每日社交互動中說謊幾次，持續一週時間。實驗定義的「社交互動」長度必須超過十分鐘（除非不到十分鐘就已經說謊了）。此外，他也請受試者記下互動的親密程度、事前對說謊的準備有多少，以及說謊前、中、後的內心感受，還有自己對謊言的認真程度。結果很有趣。

德波羅團隊發現「日常」的謊言和「嚴重」的謊言大不相同。若將謊言依嚴重程度分為九個階級，日常謊言只有三點零八分。[7]以下是實際例子：

稱讚對方做的瑪芬最好吃

誇大自己對遲到的歉意

告訴客人這顏色很合適他

他們彙整七十位自願受試者一週的自我紀錄，針對日常謊言得到以下數據：[8]

每次社交互動的說謊次數	0.2
說謊對象占總人數比例	30%
受試者自陳完全沒說謊的人數	6

假設這份資料具有普遍性，我們可以據以推論每週大約三分之一的人際互動裡，自己聽到的全是謊話。唉！

但這個研究的問題就在於是自陳式問卷，答案可能有所誤差，比方說也許有人並未準確回報自己說了幾次謊話以免被視作壞人，又或者太小的謊言就略而不計，這些都需要列入考量。但即便有誤差，我們說謊的頻率已經大出所料。

進一步資料則顯示，七十位受試者說謊以後都經歷輕微不適（量表的一分代表很安心，九分代表非常不安）：

說謊前的不適程度	4.09
說謊中的不適程度	4.65
說謊後的不適程度	4.54

有趣的是，說謊的當下內心不適提高了，說完後也沒有明顯減輕。[9]

受試者亦回報了說謊有沒有被發現：百分之五十七的日常謊言都沒事。那麼他們還會繼續說謊嗎？百分之八十二的受試者給了肯定答覆！[10]

接下來就是德波羅所謂的「嚴重的謊言」。她以不同方式進行研究，郵寄書面表格請受試者寫下此生說過最大的謊話。[11]這些謊話在九級嚴重程度中平均是六點九七分，其中百分之四十七達到八分或九分的水準。[12]

讀者可以想想自己說過最嚴重的謊話是什麼，下面是研究發現的常見類別：

犯罪 23%

外遇 22%

關於金錢或工作 21%

個人資料或感受 16%[13]

撒了嚴重的謊，內心不適程度自然也比較高（九分量表平均五點零五）。[14]

德波羅對比兩種謊言的數據資料，發現日常謊言的對象主要是不熟的朋友和陌生人。[15]為何如此？難道是因為熟人比較容易察覺謊言嗎？又或者是因為我們在乎身邊的人，不希望因為小謊話壞了彼此情誼？

至於嚴重謊言則正好相反，對象以親近者為主。[16]這點不難理解，坦承自己外遇或不當的金錢來源，可能就要離婚或絕交了，對多數人而言保住關係比起誠實更重要。[17]還有個值得玩味的異常數據發生在大學生身上，他們的日常謊話主要對象不是陌生人，而是自己母親，**每兩次互動中就有一次**謊言。[18]有趣歸有趣，對為人父母的我來說仍是警訊。

說謊與動機

看來說謊對多數人而言是很普通的事情，日常生活中隨處可見（否則也不會叫做日常謊言了）。而有些謊言比較嚴重、比較令說謊者內心不安，這種謊言的對象通常不是點頭之交，反而以親近的人為主。

追根究柢，人為什麼要說謊？動機是什麼？在韋納的案例中，答案很明顯，說謊是為了避免麻煩、保住婚姻和事業；他做了糟糕的事情，又不想付出代價。那一般人又如何？德波羅對這個問題同樣感興趣，所以她不只要求受試者回報說謊行為，還要解釋說謊原因。[19]結果發現說謊的理由多彩多姿，大略可以分為**自我型**和**他人型**兩種。[20]

想當然耳，自我型的說謊理由主要是為了取得或保住某些東西，如金錢。[21]下面是受試者提供的例子：

「電話那頭的女士說了一個號碼，問說是不是我現在的電話，我回答是，但其實不是。」

為什麼？

「這樣比較難找到我，他們找我是想要錢。」[22]

自我型的說謊理由不只如此，甚至這也不是最常見的。最常見的理由被心理學家稱作「印象管理」（impression management）。[23]例如我們希望自己看起來更能幹、更酷，於是捏造年輕時的豐功偉業、吹噓昨晚或週末在夜店的際遇。同樣常見的理由是避免尷尬、恥辱或形象被破壞。下面有個例子：

「我跟她說泰德和我還喜歡彼此，但其實我根本不知道他對我有沒有感覺。」

為什麼說謊？

「告訴人家他不喜歡我了實在很丟臉。」[24]

其他理由包括為自己爭取權力或避免被懲罰責備。[25]

他人型的說謊理由也很普遍，只是重點並非為了自己而是為了他人。下面有兩個例子：

「我說她的氣色看起來好多了，但其實她比幾個星期前還虛弱。」

為什麼說謊？

「她都在做化療了，我不想讓她煩心。」[26]

上述的謊言是為了朋友的感受，希望保護對方的情緒。再看看下面一段：

「我謊報了每平方吋的價格。」

為什麼呢？

「這樣公司可以多賺一點。」[27]

這也是他人型的理由，著眼點在於公司收益。倘若說謊是為了保護別人不受懲罰、不讓別人尷尬、避免別人的財物損失，或者提升別人的形象和財富，同樣列入他人型的理由。

各式各樣的說謊理由中，哪一種出現的比例最高？為了自己或為了他人比較多？德波羅針對日常謊言進行統計後發現，自我型占百分之五十七，他人型占百分之二十四。[28]不算太意外。

那麼嚴重的謊言呢？你覺得自我型多，還是他人型？我猜答案會是一面倒，畢竟謊言主題不外乎是外遇、錢、工作。結果確實如此，德波羅統計之後，嚴重的謊話中自我型為百分之九十四點四，他人型是百分之五點六。[29]

最後來點轉折。我一開始看到他人型的說謊理由時，還以為很高尚，就像利奧波德．索查隱瞞了猶太人藏匿在下水道裡的事實，目的是為了救人。結果他人型的說謊理由單純只是字面上的意義，意指「為的是別人」，可是無法藉此判定性質是好是壞。他人型的說謊動機有可能很糟糕，目的是要傷害別人。受試者提供了一個例子：

她姊姊跟她說，撫養她長大的爸爸不是她的親生父親。[30]

想像有人為了傷害妹妹竟然說出這種話，而且她說的並非事實；也就是做姊姊的不只講假話，還是基於惡意和怨懟，相當沒道德水準。

他人型又傷人的謊話有多常見？根據德波羅的資料統計，這在嚴重謊言中的占比大約百分之四。[31] 不過別太相信數字，德波羅的研究是自陳式問卷，受試者回報的說謊原因可能有誤差與美化，甚至存在難以察覺的潛意識動機。[32]

無論如何，德波羅這份研究很有啟發性，證實了大家會為各式各樣的原因說謊，通常著眼在自己身上，偶爾也會為了幫助或傷害別人。

說謊與品格

綜前所述，多數人在說謊時有各種考量，此處列出一些：

有時候說謊是為了避免尷尬。

有時候說謊是為了避免羞愧。
有時候說謊是為了避免金錢或其他物質損失。
有時候說謊是為了其他人的感受著想。
有時候說謊是為了傷害別人。

我也可能在宴會上對一群根本不認識的人撒謊，目的是給對方留下好印象。又或者某個人當眾讓我難堪，我以謊言作為還擊並轉移大家注意力。或者像韋納則是為了保護事業、家庭與形象而撒謊。

由於人類有種種不同欲求，是否誠實也就因時因地因人而**碎片化**（fragmented）。有些情境下我們高度傾向誠實，有些情境下卻又高度傾向說謊。圖5.1將這個概念圖像化。這在心理學上叫做說謊行為的「側寫」（profile）。為求簡化，我們只看四種情況以及特定區間的說謊頻率。

如圖所示，法蘭克說謊與誠實的表現呈現碎片化，某些情

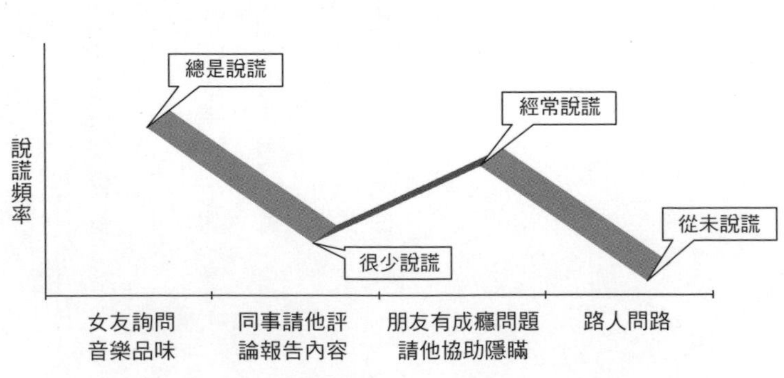

圖 5.1　一年裡法蘭克在不同場合的說謊頻率

境下總是誠實（例如指路），某些情境下總是不誠實（例如他覺得女友音樂品味很糟糕但從來不敢明說），有些情況下他時而誠實、時而不誠實。

安東尼·韋納或許也是這樣的人。很可能在許多情況下他都會說實話，可惜將帶有性暗示的自拍照貼在推特上並不包括在內。他知道照片是怎麼回事，卻也明白說出實情會讓自己陷入窘境（可能連帶失去政治生涯與婚姻）。透過下圖我們不難瞭解他的內心狀態；當然這種描述過度簡化了韋納的心理歷程，只是方便作為案例說明。

我們也可以將時間軸拉長來觀察一個人的說謊習性。以法蘭克為例，就一年的區間來看，他的行為呈現碎片化。但如果與隔年對比又如何？他會有所改變，還是保持一致？

當然這牽涉到他的生活環境，假如他的生活出現重大轉折（例如忽然受到宗教的感召），翌年整個人都變了也不足為奇。不過多數人年復一年不會有太大改變，所以我預測的

我讓自己落入難堪的處境
↓
我不想讓自己那麼尷尬
↓
我覺得說謊就可以掩飾問題
↓
我說謊以避免自己難堪
↓
說一個謊之後要用更多的謊來圓

圖 5.2　安東尼·韋納的說謊思路簡略呈現

情況會接近圖5.3。

法蘭克的行為表現相當穩定，觀察今年的模式幾乎就能精準預測來年他會如何反應。他展現出**高度穩定的變化性**（儘管這句話看似矛盾）。

這種行為規律能夠準確描述法蘭克，但並不是每個人在同樣情境下都會有同樣的行為表現。德波羅發現：「特別在乎別人想法的人較容易說謊。外向以及喜歡操縱他人者也會說謊。具有責任心、對人際關係滿意者，比較不會說謊。」[33]所以若換作是瓊斯，可能就與法蘭克不同，他對多數人都誠實，也願意告訴女友自己並不欣賞她的音樂品味。

也就是說，每個人的品格不同，說謊的行為模式也不同。我們必須先瞭解一個人的品格特質，才能判斷他在某個情境下是否會常態性說謊。而理解以後，就能預測未來的行為模式，無論是一週、一個月或一年。

然而即使凸顯了個體的品格差異，仍然可以看出一個共

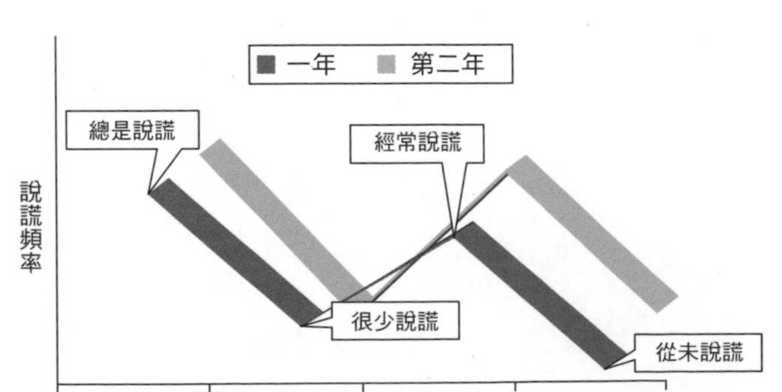

圖 5.3　相同四個情境下法蘭克前後兩年的說謊行為比較

通點，那就是多數人並沒有誠實這種德性。

說謊，德性，劣性

誠實作為一種德性，涵蓋層面很廣，除了說實話，還牽涉到很多行為，像是竊盜、欺弊等等。單就說實話這一點，過去社會曾經以「實言」（veracity）之類的詞彙形容[34]，但現在愈來愈少聽見。考慮到熟悉程度，我還是以**誠實**稱之。下一章將討論欺弊，本章提及誠實則只針對說實話這個行為。

繼續探討之前，有一點必須先留意：不能僅因一般人說謊頻率不算低，就論斷說大家都不誠實。大部分哲學家認為某些謊言並不損及道德，也不違背誠實的德性。[35]更甚者，在某些情況下，說謊是道德上的**必然**。康德（Immanuel Kant）給過一個很有名的例子：若殺人犯挨家挨戶尋找無辜目標，而你說謊就能保護躲在地下室那個人逃過一劫。我在自己的倫理學課堂上請學生針對這個情境發表意見，絕大多數學生都認為對殺人犯說謊不但沒問題，而且是應該做的事。[36]

且讓我們謹慎而行，從嚴重的謊話開始。對我來說，誠實的人理當不會就道德不允許的嚴重情事說謊，比方說不會出軌又隱瞞另一半，或者為了求職而捏造履歷。

可惜在德波羅團隊的研究裡，他們只詢問受試者說過最嚴重的謊話，卻沒有問是在什麼場合、說過幾次。即便如此，問卷結果還是指向我們的誠實值得懷疑。本章開頭就提到說謊行為中，百分之二十二的嚴重謊話和外遇有關，百分之二十一則牽涉到金錢與工作。總之，有四分之三的嚴重謊言是為了掩飾自己的不當行為。[37]這裡面有多少會合乎道德？我認為不多。我推測一旦眾人願意面對真實的自我，就會發現過去一年內至少都說過一次違反道德的嚴重謊言。

不過就算上面這段話沒錯，也不代表大家都是偽詐之輩。雖然重度誠實與輕度誠實有所差距，但德性並非截然二分，還是有程度之別，偶爾說了一個比較嚴重的謊話仍可能屬於輕度誠實。

還沒完。除了嚴重的謊言，還要考慮日常謊言的頻率。真正誠實的人如林肯，會常常說出道德層面不容許的日常謊言嗎？[38]我不認為。比較常見的例子，像是說朋友打扮得很漂亮、為自己沒交作業找藉口等等，根據德波羅的統計顯示，我們太習慣這些日常謊言，幾乎成為不經思考的反射性動作，雖然說謊後心裡稍微不舒坦，但依然故我。你覺得自己也是這樣嗎？我想大部分人或多或少都符合這個描述。

可是也不能直接跳到「人皆虛偽狡詐」這樣的結論。接下來更複雜些，因為有一些日常謊言並不違反道德。面對情緒脆弱的人，稱讚她的新衣服很美並無不妥，縱使你心裡不真的那麼想。善意的謊言始終存在爭議，讀者若有不同見解也很合理。

無論如何，我想我們都同意，就算日常謊言偶爾合乎道德，但多數人說的謊並不落在這個類別。說謊大半是為了達成自己目的而去操弄別人，結果可能傷害別人或自己、干涉別人的自主權、破壞別人的信任或有損道德。

更進一步說，自己認為一個謊言是否嚴重（沒什麼！）和別人的感受（太過分！）常常是兩回事。邁阿密大學的心理學家安妮．戈敦（Anne Gordon）與亞瑟．米勒（Arthur Miller）建構了一個情境進行研究：一個人看見自己的伴侶「和前男友或前女友一起走出餐廳，後來問起，對方卻聲稱沒有這回事。正因為明明有機會坦承卻又否認，等於是雙重欺騙」。[39]

接著想像如果你身為故事裡的不同角色，分別是說謊的人、被騙的人、旁觀者，試問何者最容易出現以下感受：

一、自我感覺良好

二、自認行為合情合理

三、認為自己被誤會

四、有很多說謊的理由（例如「你會過度反應」），或者將動機詮釋為無私（例如「我只是怕你多心」）。

以這個研究而言，顯然是說謊的那方。[40]戈敦和米勒解釋：「說謊者的重點擺在降低事件的嚴重性；被騙的一方則著重雙方關係會受到怎樣的傷害；相較之下旁觀者的敘述更為公正。」[41]我們或許覺得日常謊言沒什麼大不了的，但事實未必如此。

總結來說，有足夠證據指出日常生活中的小謊話很普遍卻不恰當，誠實的人不會持續這種行為。

從學術研究來看，日常謊言和嚴重謊言都有很多不合乎道德期許的成分。此外，許多說謊動機不符道德。更何況謊言也可能傷害別人。誠實的人不可能做這種事吧？偏偏這不是特例，我想大家都能想到自己身邊的例子。德波羅發現，在最嚴重的謊言裡，有百分之四背後懷有惡意，我想如果研究並不只針對最嚴重的謊話，惡意比例一定會更高。

老實說或許大家早就預設人多多少少都會說謊，很難說是具備誠實的德性，畢竟從日常生活中就能感受到謊言無所不在：他人對待自己的態度、政治或其他領域的名人表裡不一，還有許多歷史故事顯示人類社會逐漸失去誠實這項美德。看來幾乎沒有辯解餘地。

更進一步說，現代社會裡我們對他人的印象恐怕正是如此，我們認為大部分人都表現出偽詐的劣性。幾年前媒體報導一位紐約市的中學生投資股票賺了七千兩百萬美元，那位年輕人立刻晉升名流，後來大家才發現原來一切都是捏造。[42]我們很吃驚嗎？應該也沒有，彷彿所有人已經習慣流通的訊息是假非真。

不過我還是建議大家謹慎小心，別急著跳到大部分人都言行虛假這個結論。主要理由有三。首先，前一章提過，惡人為惡之後沒有太多矛盾掙扎，行為發自內心。套用在偽詐上頭也一樣，偽詐的人說謊時（和說謊後）心裡何須不舒坦，尤其針對風險很低的日常謊言更是如此。

但研究顯示，多數人說謊時並不好過。數據指出，日常謊言的不適程度在事前高達四點零九（最高分為九），過程中為四點六五，說謊之後仍有四點五四。若是嚴重謊言，則過程中提高到五點零五。[43]內心不適與本性偽詐這個敘述相違背——說謊還是會讓我們覺得不舒服。

第二個理由則是為助人而說謊，背後動機是良善的。下面來個例子[44]：法蘭克的好友向他吐露了一個重大祕密，假設這個祕密是他信奉基督教，但兩人生活的國家裡基督徒都會被處死。不幸後來愈來愈多人懷疑法蘭克這位朋友，眼看他就要被揭發，最後一刻法蘭克挺身而出，說了個謊話成功轉移群眾目光，保住朋友的性命。我想這種謊言合乎道德、出於無私，目的是關心和保護朋友，無法劃分到劣性底下。

上面是虛構的例子，不過先前提到他人型的動機占了日常謊言的百分之二十四。[45]面對親近的朋友和家人，他人型動機比自我型動機更常見。[46]即使是嚴重的謊話，還是有百分之五點六的說謊原因是為了別人而不是自己。[47]或許不是特別高，但我覺得若你這一輩子最嚴重的謊言是為了另一個人著想，實在值得讚許，且與我們心中對偽詐的想像有出入。

第三個理由在於人類有時候誠實得奇怪。本章最後一個例子：一九九六年德波羅與凱西・貝爾（Kathy Bell）發表的研究主題為「評判藝術作品」。大無畏的法蘭克又來了，這次他得欣賞幾幅畫作並挑出最喜歡和最不喜歡的兩幅。

接著他會與一位藝術系學生討論（這個學生是研究人員安排的），大家應該猜得到，實驗設計裡學生早就知道法蘭克挑選的作品，並當著他的面說：「這是我畫的，你喜歡嗎？」如果的確是法蘭克喜歡的作品，他必定會大加讚美，這沒什麼好奇怪的，所有受試者在這樣的場合裡都不會說謊。但如果學生畫的是法蘭克最不喜歡的作品呢？換作讀者你，這麼尷尬的場合會做何反應？

結果頗為出人意表：四成受試者說了實話，表示自己不喜歡學生的作品。另一個實驗版本中，研究員事前提醒受試者盡量誠實，於是比例更高，百分之六十二的人表達了真實意見，只有百分之三說自己「非常喜歡」眼前這幅畫。[48]超乎我預期，很難相信我們是不誠實的人。

根據引述的心理學文獻，再檢視自己的思維，並綜合個人的生活經驗，我得到的結論是：**就說謊這件事而言，多數人稱不上誠實，卻也稱不上偽詐**。

然而同樣顯而易見的是，我們還需要繼續深入研究。

截至目前為止，我們討論了助人、傷人、說謊三種行為，雖然三者是相當不同的道德層面，卻呈現相同的規律，也就是一般人的品格構成複雜，根據現有證據無法判斷偏向德性或劣性，而是在行善與為惡上都有巨大潛能。謊言可以幫助別人，也可能撕裂人心。

下一章將再多探究一個道德領域，之後我就會改變切入角度，試著釐清逐漸浮現的全貌。

第六章

人性就是偽詐？

人期許自己正直，這股渴望會限制欺弊，而偽詐的人身上應該看不到這樣的特質。

說到外遇偷吃的經典人物自然是老虎伍茲，他品格的黑暗面與高爾夫球毫無關係，而是長期且頻繁地矇騙妻小。

老虎伍茲的出軌詳情如何外界不得而知，尤其無法確認他婚後與多少位女性有染，但保守估計有十個以上，多半是酒會女侍或成人片女星，實際數量恐怕更高。根據新聞報導，他與這些對象不是一夜情，而是長達幾個月、甚至好幾年不斷偷情。

看來我們可以說伍茲具有不忠的劣性，一直欺騙另一半，外遇對象有重複也有新的，行為持續很長時間，而且手法狡猾。當然就道德層面而言，動機絕對不良，為的只是追求自身的愉悅。

欺弊★是天性？

名人圈裡伍茲並不孤單，婚外情很常見——前美國總統比爾．柯林頓和約翰．甘迺迪、前紐約州州長艾略特．史必哲、前任美國參議員約翰．愛德華茲、威爾斯親王查爾斯、NBA球員柯比．布萊恩，還有影視名人伊莉莎白．泰勒、

★譯按：原文 cheating 涵蓋的行為較多，中文則針對不同行為有不同用詞。本章依據中文語境採取不同詞彙。

休葛蘭、裘德洛……名單寫不完。

不只是名人。交友網站 Ashley Madison（主要招攬已婚人士，標語為「人生苦短，外遇趁早」）遭到駭客入侵之後，大眾才知道婚外情有多麼蓬勃發展。雖說假帳號比例的可能性不少[1]，當時網站業者自稱全球總計三千七百萬用戶，二〇〇二年營運至今更是累積至五千一百萬。與其性質類似的 Gleeden.com 同樣宣稱擁有超過三百萬會員。

外遇很嚴重，但只是欺弊的一種形式。查爾斯・蘭格爾（Charles Rangel）、伯納・馬多夫（Bernard Madoff）以及肯尼思・萊（Kenneth Lay）各自以不同手段進行金融財務的舞弊，藍斯・阿姆斯壯（Lance Armstrong）與艾力士・羅德里奎茲（Alex Rodriguez）則是體育界代表，兩人使用禁藥令社會大眾極其失望。

校園的作弊問題就更不用說了。身為教授的我一直擔心自己班級裡是否有學生作弊，最近就發現哲學導論班上有兩個學生找了考古題（在我們這兒是違紀行為）應付期中考。而且很諷刺的是，倫理學班級問題最大，學期間第一份書面報告犯下抄襲的學生比其他所有班級加起來還多。別懷疑，這可不是為了寫書而杜撰的故事。

當然不是只有我要面對學生作弊，每個教師都要，這種事非常麻煩。循校內正式管道解決的話曠日費時，於是很多教員索性撒手不管或者私下解決，不想經由行政體系處理。

然而校園作弊規模也會大到不容忽視。南密西西比大學的派翠西亞．佛坎德（Patricia Faulkender）教授等人，針對任教的心理學導論班級做出生動描述。[2]那學期第二次考試的考卷居然被人從系所印表機取走，在學生間流傳。而事情之所以會被揭穿，是因為相較於第一次考試，這一次學生們的作答速度與成績都進步太多（不意外）。佛坎德教授進行正式調查並要求所有學生重考，結果有百分之二十二的匿名回報者表示自己提前拿到考題，另外百分之三十五表示如果有機會也一樣會偷看考題。換言之，百分之五十七的人在不受罰的前提下會作弊。她再詢問那學年的一個數學班（沒有作弊的證據），如果考題洩漏了會不會看，百分之四十九給予肯定答覆。[3]

大體來說，資料顯示校園作弊在北美和歐洲十分氾濫，近期研究指出大學生作弊比例高達六、七成，甚至達百分之八十六。[4]加拿大卡爾加里大學的社會學家維勒芮．海恩斯（Valerie Haines）認為，作弊已經成為大學校園的流行病[5]，相關領域的研究者大概也都會同意才對。校園並非特例，事實上多數人在各種場合裡都願意鑽漏洞，除了學術界，還有體育界、金融界等等。

想必讀者已經知道我謹慎小心，不會直接用上面的例子下判斷。名人是社會少數、具有特殊性，未必能反映多數人對欺弊行為的態度。南密西西比大學的學生也一樣，或許有些學生被逮到作弊，但絕大多數的學生並沒有違反榮譽準則。★想更準確且全面地瞭解欺弊與品格的關係，需要從設計縝密、經過控制的實驗中找到答案。

有些形式的欺弊容易實驗觀察，有些則否。婚外情很難檢視，但比賽或作業的違規就好檢視多了，也因此成為接下來的主要資料來源。

已經有不少實驗研究人們遵守規定的傾向，而結論至少表面上看來證實了欺弊的氾濫。艾德．迪安納（Edward Diener）與馬克．沃本（Mark Wallbom）的早期實驗（一九七六年）請受試者接受字謎測驗，內容經過設計，五分鐘時限結束前應該只能完成一半。測驗開始之前，現場研究人員會表示有事得先離開片刻，他設定了五分鐘計時器以後明確指示：「記住鈴響之後就不要繼續做答。」[6]

猜猜發生什麼事？多數人會遵守指令，還是鈴響以後繼續答題？

★譯按：美國各大學對學生行為設立的規範，其中對於抄襲、作弊等等琢磨很多。

房間一側安裝了雙面鏡，迪安納與沃本藉此觀察，結果發現百分之七十一的受試者在鈴響後繼續應答（而且不是只多做一點點）。[7]

不同於前面幾章，我們似乎真的能在人類文化裡看到欺弊的劣性。或許在這個道德層面上，人性就是偽詐。大部分人傾向作弊，只要報酬比風險大、看起來不會被逮到，我們通常就付諸行動。而這樣的行為模式顯然不合乎德性標準。

欺弊的成因錯綜複雜

等一等。學界最近開發了檢驗欺弊行為的有效辦法，但截至目前得到的數據令人百思不解。

二〇一一年倫敦商學院舒麗莎（Lisa Shu）團隊的研究便運用了新策略：試想你與一群人接受測驗，事前領到十元現金和有二十道題目的試卷，並被告知作答時間只有四分鐘（研究人員很肯定絕對不夠用），而每個正確答案都代表你可以保留五毛錢。四分鐘結束後，由你自己改考卷，研究人員會過來比對，確定批改無誤，根據答錯題數回收現金。由於難度和時限，正常情況下受試者大約只能

答出八題，亦即：[8]

沒有作弊機會時，平均答對題數＝7.97

乍看理所當然，是嗎？轉折在後頭。

我們最要好的朋友也參加了這個實驗，就是那位法蘭克，他就在隔壁房間填寫答案。一如既往，時間到了以後他和所有人都拿到正確答案，但這回研究員請大家自己計算應該留下多少錢，然後把試卷送進碎紙機，不會進行任何審查。換言之，這組受試者說自己答對多少就多少，要拿多少錢都不會受阻攔。法蘭克等人的測驗成績如何？

比起前面那組人好上很多：[9]

有作弊機會時，平均答對題數＝13.22

可是他們真的答對這麼多嗎？或許法蘭克這組的受試者就是腦袋比較好，但捫心自問你相信嗎？顯而易見，真相就是他們抓住機會揩油，按照規則的話不可能得到那個分量的獎金。

看來這個實驗再次證明人的偽詐，畢竟第二組的受試者皆是隨機挑選。何況其他類似設計的研究也得到近似結論。[10]

身在如實驗中的「碎紙機情境」裡，很多人都會做出同樣的行為。不過這裡有個令人費解的現象，因為受試者回報的正確答題數平均約為十三。為什麼不直接說自己全對呢？反正都要作弊，也不會被抓到，多賺三塊五不好嗎？感覺沒道理啊。然而仔細研究六個不同實驗總計七百九十一位受試者之後，學者發現只有五個人能夠作弊到底。[11]對我來說，徹頭徹尾的作弊比較容易理解，其他人為什麼作弊只做一半反而很難解釋，在此我們姑且稱之為**有限欺弊謎題**。

想必有人認為他們是害怕露出馬腳，自稱全部答對會被研究人員懷疑作弊，而限制作弊程度可以減少被抓到的可能。

可惜事情似乎沒有這麼簡單。多倫多大學羅特曼管理學院的妮娜・瑪札爾（Nina Mazar）團隊進行另一項實驗，他們對受試者謊稱一般平均能在時限內答對八題。即便如此，碎紙機情境組的平均正確答題數是四點八，不意外地仍高於對照組的三點四，卻遠低於會引起研究員懷疑的程度。[12]

令人困惑的現象不只是**有限欺弊**。先前提到這類實驗近年蓬勃發展，二〇〇八年瑪札爾發表另一次研究結果，實驗中作為對照組或基準組的學生沒有作弊機會，另一組同樣可以使用碎紙機並盡情作弊領錢。有趣的轉折在於加入第三組，他們在開始答題之前會先看到一段話：「我瞭解本次測驗應遵守榮譽準則。」而且作答前受試者必須署名和簽名，最後結果是這樣的：[13]

	正確作答平均值（答對每題得 0.5 美元）
對照組	3.4
碎紙機情境組	6.1
碎紙機＋榮譽準則組	3.1

你會發現第三組同樣可作弊且沒有代價，但答對題數竟然比對照組還要低。

更有趣的是，即使將報酬提高到每題兩美元，實驗結果依然沒有變化：

	正確作答平均值（答對每題得2美元）
對照組	3.2
碎紙機情境組	5.0
碎紙機＋榮譽準則組	3.0

看來榮譽準則對降低作弊機率發揮很大作用。

數據支持了學界長期以來的假設：只要學校本身看重榮譽準則，準則就能有效阻絕作弊行為。舉例而言，羅格斯大學商學院的唐納德．麥卡貝（Donald McCabe）和賓州大學斯米爾商學院的琳達．特維諾（Linda Treviño）曾經進行統計，發現沒有採取榮譽準則的大學校園內，百分之二十八的學生表示曾經在考試中協助別人；相較之下有榮譽準則的學校僅百分之九。類似趨勢也出現在抄襲（百分之十八對百分之七）、使用小抄（百分之二十一對百分之九）或違規分工（百分之三十九對百分之二十一）和其他種類的作弊上。[14]值得注意的是，研究者發現榮譽準則如果只是「裝飾用的」就沒有效果，必須「嚴格執行並根植於校園文化」。[15]

相當值得深思。不會被發現的前提下很多人會作弊，為什麼加入榮譽準則以後反應驟變？也就是說，沒有榮譽準則時會作弊，有了榮譽準則，作弊機會本身沒有改變，一樣無須擔心後果，為什麼不就簽了名繼續作弊？這點姑且就先稱為**榮譽準則謎題**。

現在讓我們透過牆上的魔鏡來尋找答案。

欺弊的心理學

我們的好朋友法蘭克再次報名字謎測驗，研究員表示必須離開現場片刻，但明言要求法蘭克在鈴聲響起時必須停止作答。法蘭克開始動筆，座位前方的牆壁上有面鏡子（是雙面鏡，但他不知情），只要他抬起頭就會看見自己的映像。五分鐘過後，鈴聲響起。他是什麼反應？他按照指示停筆了。

不是只有法蘭克這樣，很多受試者在五分鐘過後都停止作答。事實上僅有百分之七的受試者聽見鈴聲以後繼續寫。

實驗場景看起來應該很眼熟，與一九七六年迪安納和沃本的設計相同。當初有百分之七十一的受試者在鈴聲響了以後選擇繼續答題，現在居然只剩下百分之七。[16]差距未免太大了！

第二個版本的實驗裡，什麼因素造成這樣的變化？很簡單，就只是受試者坐在鏡子前面。

為什麼坐在鏡子前面會有影響？這是很重要的問題，而且大家都明白部分原因。然而接下來我還是要稍微解釋一下人類心智的運作，故事分為三大部分。

首先，多數人都相信欺弊不是好事，無論作為一種抽象概念，或者轉化為抄別人考卷、外遇偷吃的行為都一樣。正確的道德觀早已深植我們心中，當欺弊機會出現時便發揮了懸崖勒馬的作用。曾有研究同樣製造了「碎紙機情境」給受試者有作弊機會，但如果請受試者先默背十誡的話，居然就不見作弊跡象。[17]顯然只要得到提醒，道德感就會湧現，讓人很難說服自己做出種種欺弊行為。

縱使抗拒欺弊的信念藏在心中，多數人依舊需要類似十誡的訊息提醒以後，才會驚覺自己可能犯錯。在沒有提醒的情況下，欺弊的機率還是很高。背後原因為何？我想主因是人類對自身利益有強烈欲求，懂得（常常是下意識）計算欺弊的風險與收益，採取對自己有利的做法。欺弊在很多情況下會帶來莫大好處，可以避免失敗（連帶避免了尷尬和羞辱）、達成計畫、取得競爭優勢，也可能只因為短暫冒險與打破規則能製造刺激。這是人類心理機制的第二個因素。

截至目前為止不算太複雜，受到當頭棒喝而收斂克制，或者不分是非明知故犯的行為都很容易理解。但如果只從這兩個角度切入，就無法完整剖析人性，更遑論解開前面兩個謎題。理論上作弊的人在不被抓到的前提下應該會盡情作弊，怎麼一面鏡子就能造成巨大差異？

關於欺弊的人類心理過程，就屬第三部分最有趣。我認為多數人既想要得到欺弊帶來的好處，也想要在別人心中、更重要的則是在自己眼中，塑造好的道德形象。我們希望自己誠實，而且要符合自己的道德標準。[18]這是個關鍵。

想像你非常誠實，然而有機會作弊就會作弊——要這麼做不容易才對，畢竟兩者背道而馳。但小作弊又是另一回事，加入一點點自欺欺人就可以創造出內心的出口；如果只是輕度作弊，我們就能說服自己別想太多，不去思考道德對錯，好好享受作弊而來的果實。大刺刺作弊則不然，很難假裝自己道德未受玷汙、視自己為誠實正直的人。這就是**有限欺弊**的真相。

也因此僅僅一面鏡子就能造成巨大的差異。鏡子在面前，我們失去隱藏空間，即便心裡不願意也得時時面對自身的所作所為。於是只有兩個選擇，要作弊的話就別妄想當個誠實的人，否則（如大部分受試者）就維護正面的自我形象，鈴聲一響就不再答題。

由此推論便能理解為何以十誡或榮譽準則作為提醒能收到明顯效果。兩者凸顯了人對自己的期許。我們都希望自己有道德，而思及榮譽準則我們就會明白，作弊絕對稱不上有道德。**榮譽準則謎題**的答案也水落石出了。

當然這套分析不能一體適用，有些人如老虎伍茲就是對欺弊行為特別積極，只要判斷利益夠大，自私慾望就會勝過對正直誠信的追求。除此之外，還可能直接放棄自己的正直形象。而有些人明知自己不誠實，但在意程度不足以改變行為。

總而言之，若從誠實與欺弊兩個對立面來分析人類，就會發現我們的品格構成的確很複雜。

為何人連偽詐都做不到？

在我看來本章描述的種種行為模式與動機都與誠實二字沾不上邊。若你覺得無須贅言的話，可以跳過下面幾段。如果你還有疑問，就容我稍作解釋，之後再進入更具爭議的主題，也就是一般人算不算虛偽狡詐。

思考何謂誠實，我的定義是在規則公平且適當的前提下，會避免欺弊行為，即使欺弊能保證自己獲益也不例外。[19] 這樣的人不會逃漏稅，不會在課外考試★偷偷違規，也不會背著配偶偷情。

我得承認例外的可能性。比方說親朋好友面對生死關頭，唯有透過欺騙方式才能挽救對方，或者間諜駭入企業電腦系統是為了阻止恐怖攻擊。以後面的例子來看，雖然入侵電腦系統對企業而言是欺弊行為，但或許無法指責這樣的手段。類似情況還有無聊到自己和自己玩牌，反正沒人吃虧，做不作弊都無所謂。但這些例子沒什麼討論意義，真正該關注的是本章開頭那些實際議題：外遇、使用禁藥、考試作弊等等。這些行為無法在道德層次上找到開脫之詞。然而實驗顯示，至少在學術模擬的情境中，大部分人只要覺得不會被懲罰就會選擇欺弊，欺弊動機通常也並非良善。

從這個角度觀察，多數人距離誠實還有一大段距離，行事動機往往不夠好。在我的標準，誠實的人不欺弊背後必須有好（值得尊敬和稱讚）的理由。舉例而

★譯按：指因為開放使用參考資料，教授認為無須強制學生在教室作答的考試模式但通常會加上學生不可合作與討論之類規則。

言，誠實的人之所以克制欺弊行為是要對同儕公平、不希望傷害公司或間接傷害他人、愛自己的妻兒等等。反觀一般人，欺弊的動機是追求愉悅、避免挫敗，或者在競爭中取得優勢，希望得到超過自己應得的地位，與老虎伍茲無異。其實連是否自詡誠實正直，對一個本來就誠實的人而言都不重要。前面解釋過了：很多人或許沒察覺，但這種自我認知在心裡頗有分量。

我對誠實的人還有另一項期待，就是無論**有沒有**外力提醒，都不會忘記自身的道德標準。大家應該都這麼想吧？換個方式形容，誠實的人自然而然就不想作弊，克制那種念頭是接近本能的反應，就算未經提醒，他們也知道自己該怎麼做。可惜實驗顯示，大部分人都需要提醒。如果只有「碎紙機情境」的話，很多人會作弊，加上十誡或榮譽準則以後則大不相同。

總結而言，科學研究成果呼應我們從夜間新聞得到的第一印象。現代社會的多數人面對可以欺弊的機會，至少就實驗營造的情境來說，所做出的反應無法稱之為誠實。

道德層面上我們的品格似乎頗糟，不過讀者應該也習慣了這時我會主張科學研究指出另一個方向。沒錯，證據點出我們的品格至少有四個正面特質。第一項特質承前所述：真正誠實的人無須提醒也能堅守道德價值，而偽詐的人應該根本沒有那種價值觀！他們基本上不認為欺弊有什麼，無論考試作弊或欺騙配偶都一樣，又或者即使他們知道欺弊不對也不在意，誠實在他們的思維中並非重要的一環。然而如果想到十誡內容就足以克制劣性，我認為這反而印證了道德戒律在多數人身上威力強大。

再來看看榮譽準則的作用。舒麗莎發現如果測試前請受試者在榮譽準則聲明上簽名，於測試中採取碎紙機情境，則二十二位受試者裡只有一個人作弊。我無法理解偽詐的人怎麼可能真心相信自己要行為正直，還起而力行，明明大好機會就在眼前，作弊可以賺錢也完全不會被發現。對偽詐的人來說，簽名應當只是儀式，而非真的改變行為。

針對偽詐的劣性，我還有第三個想法。我認為那樣的人不會只滿足於輕微程度的欺弊，而是在無須承擔後果的範圍內最大化自己的利益。以老虎伍茲來說，他的欺弊行為不是偶爾為之，也並非僅限單一對象，而是不斷持續和擴大。可是多數人並沒有表現出這種傾向，先前討論有限欺弊謎題時已經解釋過；儘管多數人作弊了，分量上卻看得出有所節制。

這就是我要說的最後一點：**人期許自己正直，這股渴望會限制欺弊，而偽詐的人身上應該看不到這樣的特質**。

上面是我個人對偽詐的想法。或許有人不同意，主張那些人是自欺欺人，認為自己誠實卻沒有相對應的行為。對此我沒有什麼強而有力的論點能夠加以反駁，但腦海中浮現的景象是偽詐的人活著必然伴隨巨大的內心衝突。一方面有推動他們欺弊的驅力，另一方面卻又有個聲音叫他們將行為收斂在自認誠實的範圍內。換言之，他們內心持續矛盾拉扯。可是我沒有在偽詐的人身上見到這種糾結，在我看來他們對自己的所作所為十分投入、積極，不是嗎？

即使對於最後這段話有所疑慮，四點綜合起來的結論應當仍是難以否認：多數人談不上虛偽狡詐。

本章引述多項實驗，不難發現與前幾章關於助人、傷人、說謊的研究類似。有足夠理由相信人類內心有股強大的力量驅使我們遵守規則、在某些情境下不要做出欺弊行為。然而在其他情境裡，我們卻又有自身利益至上的傾向。「誠實」或許是太過簡化的標籤，「偽詐」也一樣。我們應該從新的角度剖析品格。

學術實驗看得夠多了，接下來我們要更上一層樓，利用已經掌握的資料拼湊出多數人心底深處的樣貌。

結果我們會發現，一言以蔽之，現代人的品格真的很複雜。

第七章

真實品格與理想道德的落差

大體而言，我們沒有壞到骨子裡，但又距離理想狀態很遙遠。

由於過去六十年間心理學家對品格測試的心血努力，我們已經瞭解在各種不同情境下多數人的反應為何。前面幾章內容只是心理學文獻的九牛一毫。

本章目標是彙整前面幾章的資訊，拼湊出貫穿人類品格的核心概念。然而，得出的結論尚不完整。首先，引用的都是近代研究，因此無法確定是否也適用於年代更早的先人（我認為還是適用，但這只是個人直覺）。其次，大部分研究的受試者來自北美與歐洲，我不敢妄斷能夠適用於全球各地。最後，不完整之處仍待日後的研究加以補充，比方說針對竊盜行為，目前還談不上有變數控制良好的實驗。

儘管存在未盡之處，我們已經得到豐富且極其重要的知識。

我們的行為反映出什麼？

大家應該還沒忘記法蘭克才對，他真是個好人，幫研究員做了那麼多實驗。他自己應該也是印象深刻，要電擊陌生人、在測驗中作弊、幫忙同學等等，忙得不得了。但過程中他大大瞭解了自己的內心與品格。

當然，法蘭克並不是實際存在的人物，但他肩負一項非常重要的任務——他代表一般人，很可能就是你和我。法蘭克在那些情境下的反應，就是我們在那些情境下的反應。從他的經歷與經驗中，我們可以學到什麼？

第一，多數人內心有很強的善。看過太多負面案例，應當好好強調這一點。

心理學研究中，最能凸顯人類良善的當屬同理心。我們已經看過數據，同理心得到激發之後，百分之七十六的人會像法蘭克一樣對素昧平生的人伸出援手，縱使要付出頗大的代價也願意挺身而出。其他情境下同樣證實了人類的良善，例如即便不會事跡敗露，但若先行提醒與喚起道德感，多數人都會放棄欺弊行為。

這份善良也時常延伸到真實生活中。挪威政府想拍攝一部宣傳影片鼓勵大眾幫助有需要的孩童，他們找了一個十歲大的兒童演員，請他在冰天雪地裡獨自站在公車站。孩子身上穿著單薄的衣裳，沒戴手套帽子，顯然冷得受不了。劇組人員偷偷錄下路人看見孩子之後的反應。

每當有人走近候車，我們就能目睹感動的瞬間。一次又一次，與孩子毫無干係的人願意脫下自己的手套帽子、甚至外套送給他。眾人沒有忽視男孩的不幸，甚且表現出憐憫與同情心。孩子的痛苦點燃路人心中一絲光亮，指引他們做了對的事。[1]

所以我研究道德品格後學到的第一課就是：

Lesson1：在許多生活情境中，多數人的道德表現非常好。

我自己的生活裡也可以找到許多證據。二〇〇九年夏季某日，我與妻子前往黃石公園旅遊，離開時起了大霧、天色昏暗，我們疲累得只想趕快返回飯店休息。好死不死，租來的車右後輪爆胎發出巨響，我只好將車子暫停在路旁。我暗忖狀況不妙，沒想到更糟的還在後頭：打開後車廂要翻出備胎時，上頭卻擱著一個大骷髏！想當然耳我嚇壞了（接近歇斯底里），還好定睛一看那是鹿的顱骨，應該是前一個用戶放在裡面忘了帶走。

我手忙腳亂嘗試更換輪胎，這時有輛車停在我們後頭……長話短說，總之二十分鐘後，我與妻子重新上路，而一切都要歸功於兩位英國旅客的幫忙。他們同樣是來黃石公園觀光，我們之前不認識，之後也沒再碰過面，但我很肯定那一夜他們表現出品格中高潔的一面。

可惜關於道德，我學到的不只這一課。你我應該都不意外才是。米爾格倫實驗清楚指出，人類心中有一股相反的力量。標準實驗設計中，法蘭克能一路將電壓調整到最高級，奪走無辜性命。不過在我看來，另一個實驗呈現的「旁觀者效應」更值得憂心，因為在那些情境裡明顯有人急需幫忙，而且並沒有類似研究員的權威人士在旁邊下指令。明明只是一個不為所動的旁觀者，卻造成法蘭克毫無作為、呆坐原位，對別人的痛苦置若罔聞。此外，有關說謊、傷人或作弊的實驗，數據都挺不光彩的。

負面結果不僅限於實驗室內。本書開頭就描述了一個慘劇，華特・范斯倒在商場地板上奄奄一息，路人大半視若無睹。另一個例子是塔萊亞克斯（Hugo Alfredo Tale-Yax），他在路上見到女子遭人襲擊，奮勇出手援救，結果自己中刀血流不止，倒在人行道上超過一小時，期間不只二十個人經過，卻完全沒有人協助。[2]還有年僅兩歲的華裔小女孩王悅，她被貨車撞成重傷，但是沒有人過去幫忙，導致後來她又被卡車輾過；這中間至少十八個人棄她於不顧，其中一些人還刻意繞過躺在血泊中的她，裝得一副若無其事的模樣，等到有人設法營救為時已晚。[3]這些都是單一事件，不能作為前面幾章的論述基礎，但想起來會發現與實驗結果若合符節。

於是我在道德品格研究中學到第二課是：

Lesson2：在許多情境中，多數人會表現出最差勁的行為。

讀到這兒可能許多人暗忖：都是老調重彈，根本不需要心理學家也能觀察到這兩個現象。日常生活、新聞事件以及人類歷史中，不愁沒有證據與教材。

或許如此，但我們可以繼續深入探究。要記住，前二項主張適用於**同樣一群人**。換言之，世界並非由一群總是表現得宜的「好人」與另一群總是行為差勁的「壞人」所組成，現實是這樣子的：

Lesson3：多數人在某些情境下行為美善，在其他情境下的行為則令人感嘆。

法蘭克湧現同理心的時候很無私，一週後卻可能無視痛苦哀號的陌生人。圖7.1將他在一年期間不同情境中的助人頻率加以量化。

圖7.2則納入更多情境，呈現一年內法蘭克在所有情況下的助人表現。可以注意到他對每個情況的反應差距很大。

進一步看，這種行為模式不只發生在助人。前面幾章已經提過這個概念，圖7.3描繪出法蘭克的攻擊性。根據圖示可以看到他很少展現暴力或傷人，大多時候算是好相處。考慮到攻擊他人會觸法與受罰，這個結果並不令人意外。真正要注意的是，一年下來法蘭克的攻擊性從高到低都有。

雖然在此僅以助人和傷人為例，重點則在於法蘭克在道德生活的各層面會做出各種行為。他有時作弊、有時說謊、有時傷人，但換個情境他又很守規矩（即使因此造成財物損失）、說實話（即使很難）、克制攻擊言行（即使無須承擔後果）。他在這個小時的行為無法有效預測下個小時在不同情境中的反應。就道德思考來說，法

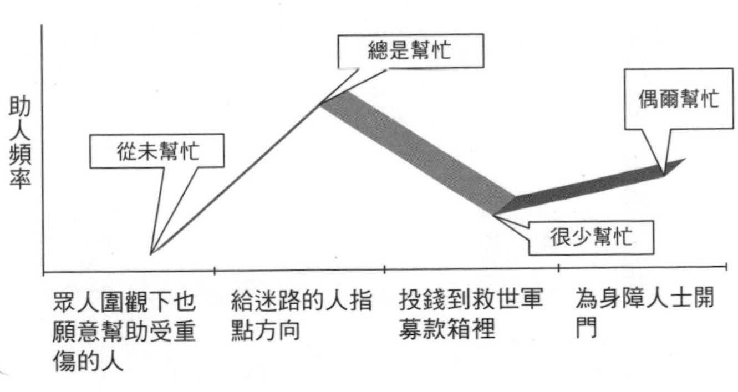

圖 7.1　一年期間內法蘭克在四個場合的助人頻率

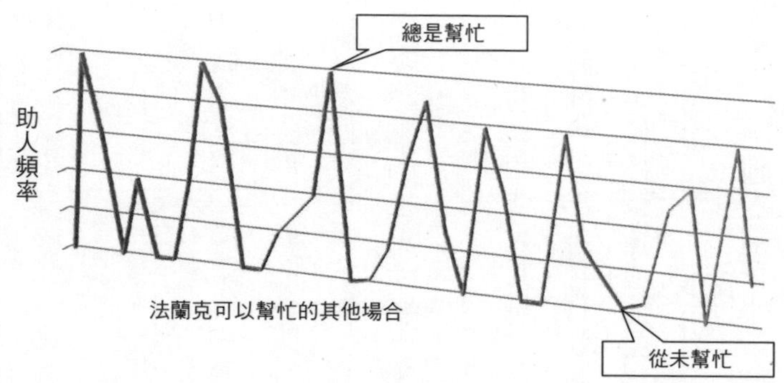

圖 7.2　一年期間內法蘭克在所有場合的助人頻率

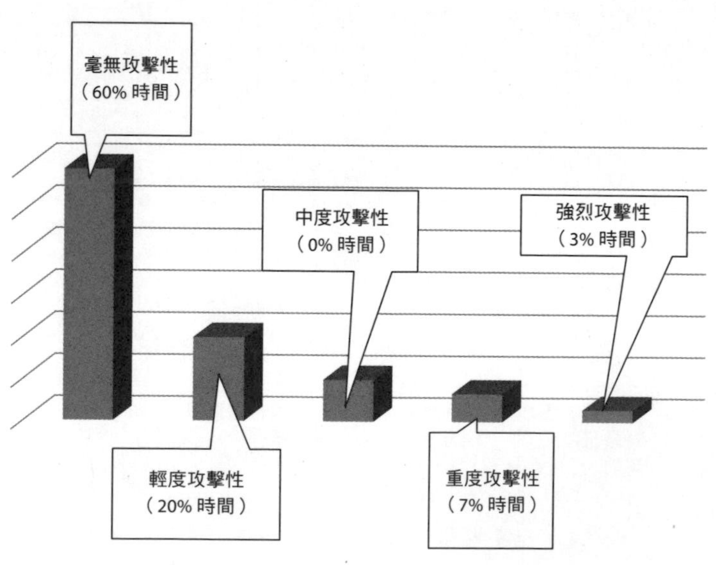

圖 7.3　一年期間內法蘭克表現出的攻擊性

蘭克很複雜；而我們每個人其實都和法蘭克一樣。

由此推演出下一課，或許也是最令人訝異的一課：

Lesson4：道德行為表現深受環境因素影響，但我們經常沒有意識到這些因素。

法蘭克理所當然不是逢人就幫。誰有辦法這麼做呢？這麼做應該很快就會把自己給累垮。所以他幫了某些人，但忽略了其他人。他對某些人說謊，對其他人則誠實。有些場合裡他會欺騙或要要小手段，其他場合則表現規矩。這有什麼大不了嗎？

問題在於什麼時候做、什麼時候不做。倫斯勒理工學院的羅伯特．巴隆想要測試一般人是否願意做舉手之勞：協助陌生人將一美元鈔票換成零錢。[4]實驗方法是在商場的兩個定點，分別請演員走向購物者，問對方能不能幫個忙。說明地點之前，直接先看看數據：[5]

	第一地點	第二地點
願意協助的男性	22%	45%
願意協助的女性	17%	61%

有些人可能認為，關鍵在於經過兩個地點的客群不同，好比說其中一組學歷較高？社經地位較高？道德養成較佳？都不對。唯一差別只在於受試者剛經過的是服飾專櫃（第一地點），還是肉桂捲或餅乾專櫃（第二地點）。也就是說，幫不幫忙的重要因素是餅乾和肉桂捲的味道！誰想得到？

這可不是第一次得到這種結論。前面提過的實驗裡，變因包括：是否在公廁前面、演員是否偽稱相機損壞、是否與毫無反應的陌生人同處一室、室內溫度、座位前面是否有鏡子、事前有沒有背誦十誡或簽署榮譽準則。

這些實驗的結果有嚇到你嗎？我第一次看到的時候覺得很不可思議，平常我根本不認為這些因素會大大決定了自己的行為。以前我認為自己無論有沒有在榮譽準則底下簽名都不會作弊，有人很痛苦的話別人不幫我一定會幫，更沒想過會被溫度高低（當然是指正常範圍內）或者商場的氣味影響行為。鏡子擺在哪裡更是毫無關係才對。

但顯然我錯了。

動機告訴我們什麼？

事情還沒結束。我們要關心的不只是人為何做（或不做）某些事情，也要明白行為背後的動機是什麼。朋友前來探病，我們會因為對方關心自己而覺得情深義重。再想想如果你接受了所謂的「善行」，後來卻發現對方只是想要履歷漂亮，內心恐怕不好受！在此又要感謝心理學家，他們解釋了日常生活中關於品格與動機的幾個重點。首先是：

Lesson5：我們並非永遠將自身利益擺在第一位，動機可以來自不同管道。

第三章提到心理自利主義主張人類言行皆由自身利益出發，現在我們應該可以放棄這種觀點了。人類心理很複雜，在意的東西顯然不只自身利益。

更明確地說，我們能夠無私地關懷別人，這是一種很神奇的天賦。即使面對素昧平生的人，像是公車站裡受凍的男孩，我們會單純地想要對方過得好，而沒有考慮到自己。根據第三章提到的同理心研究，我相信人類確實可以無私。

不只如此，假設朋友前來探病，你問她為何這麼做，她直接了當地說：「本來不就該來嗎！」她眼中的責任顯然就是一種道德動機——大部分人都知道什麼該做、什麼不該做，與利己或利人未必有關，而是心中的道德判斷。人的三種動機分類如下：[6]

自我型：主要考慮自己得到什麼好處

責任型：主要考慮何種行為正確

無私型：主要考慮別人得到什麼益處

如此看來心理自利主義不僅錯了，能取代自利的動機還不只一種。

再者，研究也發現我們在不同情境間切換動機的速度很快，甚至在同一個情境裡也能改變動機。朋友最初來探病是基於責任感(「本來就該這麼做」),後來見我受苦於心不忍,出於憐憫所以繼續陪伴。人的動機很複雜,而且瞬息萬變。

因此在一週或一年期間,法蘭克可能在多數場合表現良好,但言行背後有各式各樣的動機。就算行為無可挑剔,動機的素質高低或許如同雲霄飛車般起起伏伏。

圖7.4從更廣的角度觀察法蘭克,分析三種不同動機(自我、責任、無私)在他一年的生活中所占比例。如圖所示,自我動機最多,但責任和無私也有不小的分量。

儘管理解了各種動機,我們卻仍然無法清楚描繪人的複雜程度。所以接下來我們學到的是:

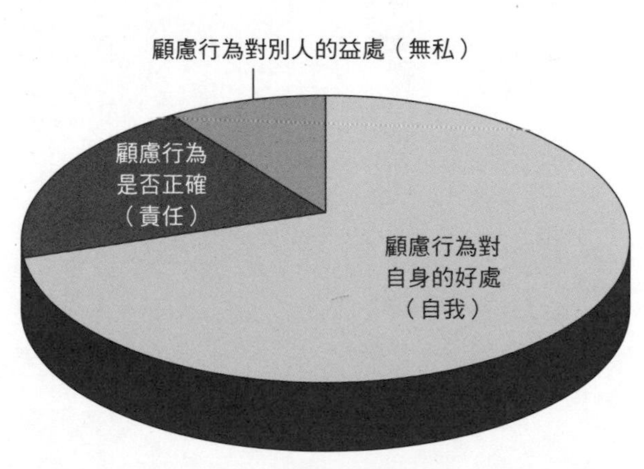

圖 7.4　法蘭克於一年內面對各種道德情境的動機類型

Lesson6：許多道德行為背後不只一種動機，而是混合多重動機。

朋友前來探病的主要動機是關心，想知道我的狀況如何，同時也因為沒有來探望會讓他心生罪惡。以此為例，無私和自我的因素混雜，前者更形優先。換作別的場合，順序顛倒並不奇怪，而且三種類型的動機可以同時存在——但自己或許只意識到其一，因為我們以為的動機未必是內心真正的驅力，有時候自己都分不清為什麼說某句話或做某件事。所以我們又學到：

Lesson7：有時候我們無法察覺行為背後的潛意識動機，有可能誤判了自身的動機。

之前針對助人的討論裡已經提出一些例子，像是公廁門口比較容易找到人幫忙、商場中的糕點味道可以影響人的行為等等。

更該留意的則是「旁觀者效應」研究中受試者的說法。譬如被問到為什麼聽見隔壁房間有人慘叫卻不幫忙，他們給出的理由形形色色，但多半並未提到與自己同房間的陌生人。[7]換言之，大部分受試者根本沒察覺到問題癥結，也不瞭解內心對尷尬的恐懼。這不奇怪，易地而處的話，我們的反應可能一模一樣。

還有很多細節值得分析，不過中心思想已經浮現了。道德動機和道德行為一樣，構成十分複雜也往往出人意料。

我們的品格樣貌

品格的複雜多變再次提醒我們，大部分人就本質而言難以稱作具備德性。捫心自問：本章描述的行為與動機是否符合你想像中的德性？我認為若真的有德性，一個人的行為模式相對應該穩定得多；無須強求完美無瑕，但至少不該時好時壞、時有時無，充斥不正當的欺弊、謊言、攻擊，甚且常常忽視需要幫助的人。也不應該隨無關道德的因素波動起伏，例如室內溫度或氣味等等。

動機方面也一樣，儘管不追求以無私或責任作為出發點，也希望不要雜亂無章、在許多道德情境中只顧及自己，甚且對無關乎道德的外在因素那麼敏感。

總而言之，我期望中的有德之人，內心動機應該前後一致且多半高尚，也展現出相對穩定的良好行為；動機與行為呼應重要的道德，而非枝微末節的小事。很可惜，如前所述，心理學研究證實，多數人不符合上面描述。

那麼我們換個方向，看看實驗是否證明多數人具有劣性。前面四章呈現的人類是不是大半殘酷冷血、虛偽狡詐？

先思考一下這些形容到底是什麼意思。首先，所謂的壞人同樣應該表現出相對一致的負面行為。他們在人前或許會裝模作樣，所以關鍵在於能夠為所欲為且無須付出代價的情況。他會在「碎紙機情境」中作弊？他會為了傷人而說謊？他會對公車站內受凍的孩童視而不見？他會踹毫無戒心的小狗？未必每次都會，但拉長時間觀察以後，是否呈現穩定趨勢？我認為符合這樣的描述，才能說是具有劣性的人。

另一方面，劣德者行事動機鮮少無私應該是顯然之理。所謂的壞人還在乎自己有什麼責任或道德是否站得住腳嗎？應當不會才對。我想他們的動機就是以自己為中心，著重得到愉悅、名聲、地位、財富等等。

這樣定義壞人或許還很抽象。傑佛瑞．達莫（Jeffrey Dahmer）是個真實的例子，一九七八至九一年間他殺害了至少十七人，處理屍體的手法駭人聽聞。以下簡短描述十八歲的受害者希克斯（Steven Mark Hicks）搭他便車以後的經過：

> 趁著被害人坐在椅子上的時候，達莫從後方以十磅的啞鈴重擊他兩次。被害人昏迷後，達莫以啞鈴橫槓將他勒斃，脫光被害人衣物並站在遺體旁自慰。隔天達莫在住處狹窄的地下室裡肢解遺體，並將屍塊埋在後院。過了幾週，他挖出屍塊，剝除骨骸上剩餘的肉，以強酸腐蝕後沖進馬桶，並拿大鎚敲碎骸骨丟棄於住家後方的森林。[8]

這是一個極端案例，許多性格殘暴者也未必可怕到這種地步。達莫很可能是精神病患，但他的行為還是可以具體呈現我前面的論述。

總結來說，所謂的壞人同樣應該是常態性的抱持負面動機，因此導致常態性的反道德行為——至少在不被人發現的時候。但心理學研究得到的證據是否指向多數人具有這種傾向？讀到這兒各位自然知道我的觀點：我不那樣認為。

前幾章描述的行為與動機模式，是否吻合你想像中的壞人？如我們所見，多數人會在某些時候展現強大的同理心，犧牲自己幫助別人；即使可以盡情電擊虐待別人，卻會有所克制；一個人時會嘗試幫助遭遇危難的人；讀了榮譽準則就不作弊，或明明作弊不會被抓到且可以賺錢，卻沒有隨心所欲。我認為如果多數人都壞，我們就不會看到這些結果。

所以我認為多數人的品格不好也不壞，或者說處於德性和劣性之間。圖7.5將此概念視覺化。

可能有些人會質疑如何定義「多數人」？對此我確實無法明確回答，只能說：倘若我的想法正確，那麼當你剛認識一個人時，假設對方的品格落在好壞中間就對了。換句話說，我們通常可以預設人的品格是個混合體；之後我會進一步討論這個概念。

請別誤會。我說的是「多數人」，而非「所有人」。德蕾莎修女、利奧波德．索查、保羅．法默應當稱得上有德者；羅伯特．哈里斯以及傑佛瑞．達莫則算是殘暴的人。此外，或許過去某個時間點，具備德性的人比現在多。或者現代某些國家培

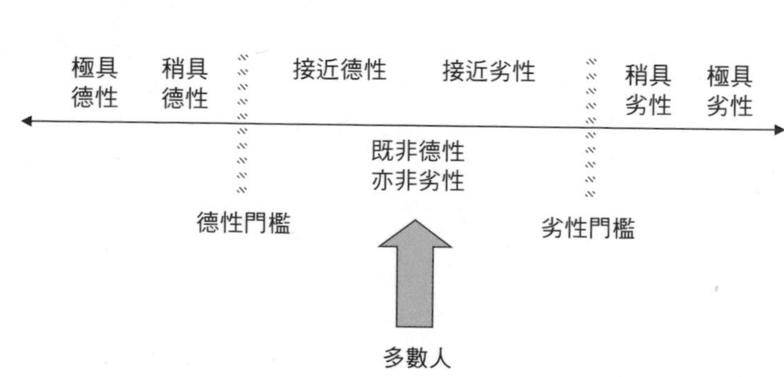

圖 7.5　多數人的品格落點

養的公民比較有道德。不過就現有證據來判斷，有德之人實為少數。

探討了這麼多好與壞的品格，接下來我們要看看比例最大的混合型品格究竟是什麼？尤其應該思考的是：為什麼多數人的品格特質不定，會隨著環境變化無常？

很遺憾答案本身也不夠有條理。大部分人的內心不是由德性或劣性構成，而是充滿許多的喜好和厭惡、感受與情緒、信仰和價值、信念與追求，有符合道德的，也有不符合的。舉例而言，決定是否助人時我們內心可能有以下想望：

我想要幫忙是因為這麼做可以減輕自己的罪惡感。

我想要幫忙是因為這麼做可以讓自我感覺良好。

我不想要幫忙是因為這麼做可能會引起周遭人的反感。

我想要幫忙是因為這麼做可以減輕別人的痛苦（同理心）。

全部加起來看的話，很難認為這是一個具有惻隱之心的人。同樣地，與其說是因為誠實而說實話，一般人內心常常是這樣子的：

我想要說謊是為了避免尷尬。
我想要說謊是為了避免在他人面前難堪。
我想要說謊是為了傷害對方。

同時我們也能找到以下的念頭：

我想要說謊以免另一個人尷尬。
我想要說謊以免另一個人受傷。

第一類或許談不上道德，第二類則不然，加起來就成了混合體。而欺弊方面，至少測驗或比賽中會作弊的人心裡常常是這麼想的：

我想靠作弊避免失敗和失意。
我想靠作弊避免自己犯的錯誤被發現並因此受罰。
我認為作弊是不道德的（大部分情況下）。

我想要行事正當，不想作弊（大部分情況下）。

同樣是好壞動機摻雜在一塊兒。

總結來說，我們的品格呈現碎片化的狀態。即使身處重要的道德情境，人的心裡仍舊混合了太多考量，於是根據應對方式的不同，有可能是正面思維勝出，也有可能是負面思維占上風。

回頭看看法蘭克，現在應當不難理解為何他的行為模式波動這麼大。以助人為例，今天他經過救世軍的募款箱丟了五美元進去，為什麼？因為他內心充滿罪惡感，想藉此讓自己好過一些。隔天他有個幫助別人的機會，只要勇敢站出來就行了，但他沒有行動，因為擔心會出糗。過了一星期，法蘭克看到孩童遭酒駕司機撞傷的新聞，強烈的同理心被激起，當下無私的捐款贊助對方的醫療費用。類似事件反覆在生活中上演。

依此類推，一個人的道德行為自然有許多變化起伏，背後是各式各樣的動機，動機來自當下各式各樣的心理因素。要注意的是，品格混雜的成分因人而異。比方說：兩相比較，賴瑞注重有仇必報，而山姆不然，於是賴瑞在某些情境下會比山姆表現出更強烈的攻擊性。所以縱使肯定了品格的多元性質，還是必須花時間瞭解對方，才能理解其心理構成。

大體而言，我們沒有壞到骨子裡，但又距離理想狀態很遙遠。

為何在乎品格？

認識多數人的品格樣貌或許有趣，但有什麼意義？我能想到至少五項意義。

矯正錯誤信念

假如前面的分析正確，那麼我們都錯看了生活中接觸的多數人。譬如很多人覺得自己的朋友誠實，但實際上或許部分為真（誠實並非不可能），不過我敢打賭不誠實的還是比較多。愈早理解這一點愈好。

一定有人會說：等等，我認識那位約翰十年了，他人真的很好，如果他不誠實，我早該發現了才對。

別急，關鍵在於他很可能面對你的時候誠實，然而這不等於他的品格誠實。

判斷重點在於他真正的心態，以及他以為沒人發現、不會被逮到的時候怎麼做。這種真面目並非旁人能夠輕易察覺的。

避免妄下斷語

以後要說一個人誠實或偽詐、憐憫或冷漠，或者以其他德性或劣性形容他人前，都該三思。如果事前並未深入理解對方的思維，這種論斷常常會出錯。

以老虎伍茲為例，我們有了足夠的瞭解，知道他長期展現的行為模式與動機，所以說他不誠實、性放縱不為過。其他如羅伯特．哈里斯、傑佛瑞．達莫、希特勒、史達林、波布★、毛澤東也類似，很多證據指出他們的劣性所在。

可是換作你剛剛在網路文章讀到的人物，假設她捐款五萬美元在非洲開設診所治療伊波拉病毒患者，通常大家會根據這個事實得出她品格高尚的結論。但在我看來這是很大的錯誤，畢竟沒人知道她的動機，也無法確定在別的情境下她是否同樣慷慨助人。就算日後發現她基於自私動機而成立診所、內心冷酷無情，也無須意外。道德層面上不該隨便造神，否則幻滅的可能性很高。評判別人品格時，小心謹慎為上。

★譯按：前柬埔寨共產黨總書記及最高領導，因奉行極左主義和發動大屠殺而遭國際社會譴責。

瞭解預測別人

總是以善惡二分的方式來看人會導致誤解。多探索這個花花世界，才能明瞭大家真正的心理及思考模式。舉例而言，美軍在伊拉克巴格達中央監獄虐囚的行徑已經有人做過分析。[9]藉由類似方式，我們也能明白為什麼華特・范斯倒在商場內沒有人過去幫忙。[10]更甚者，理解品格有助預測未來趨勢，例如我們知道雖然同理心高低屬於個體差異，但多數人都能體會別人受苦，這一點可以運用在動員社會參與。我敢保證，相較於一般群眾，同理心獲得激發的人會願意貢獻更多時間精力去救助被人口販運的印度女童。而且我也預期今時今日對印度女童產生同理心的人，在下個月、乃至下一年都會有類似反應，因為那是品格裡穩定的元素。

道德上有問題的行為也一樣。法蘭克下班後在酒吧裡表現得和善冷靜，但如果切換車道時被卡位就會暴怒追車。這同樣是他品格中穩定的一環，隔週再度發生很正常。所以在某個特定情境下他表現出攻擊性，就能預測往後同樣情境中他多半也會做出同樣的反應。

圖7.6示範了如何預測法蘭克在各種情境的攻擊性。此處分析二十種法蘭克可能出現攻擊性的情境，每個點代表其中一種。如圖所示，某些情境下他完全沒有攻擊性，某些場合裡表現出輕微攻擊性，少數情況則非常暴躁（例如切換車道被卡位）。

重點在於，某個情境下（好比在酒吧）法蘭克表現出的攻擊程度，會與第二次進入同樣情境（一週後再去酒吧）相似。然而他在不同的情境下（例如酒吧與開車）的態度卻截然不同。攻擊性的起伏在不同情境間差距頗大，相同情境時則差異小。[11]

法蘭克代表的就是你我。如果有人好好瞭解我的品格，就能預測我何時表現溫和、何時脾氣暴躁。所謂鑑古推今，至少在品格上的確如此。

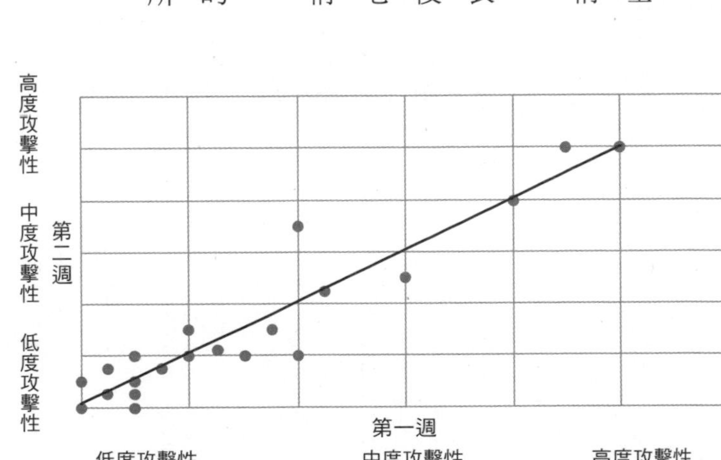

圖 7.6　法蘭克在兩週內二十種情境的攻擊性變化

調整預期心理

既然知道多數人缺乏德性，就該降低自己對他人行為的期待。此處所指並不局限於前面提過的名人或政治人物（或許大家對他們的期待本來就不高），也包含同事、網友、週末志工或其他時常接觸的人。要知道，即使不是全部，但很多人一旦找到漏洞就會占公司便宜、在網路中傷他人，甚至因為上司或權威施壓就背叛和傷害他人。

可是換個角度，若有外力提醒道德價值、刺激同理心、甚或只是鏡子與香味這種小細節，我們便可以樂觀一些，期待良善的行為。這是規律，不是例外。一切取決於複雜的品格構成裡哪個部分被啟動了。

察覺自身不足

多數人不具德性，代表我們（當然包括我自己）還不夠好。第二章已經闡釋過德性的重要與價值。

品格與生活中許多正面因素有關，例如生活滿意度、增進健康、降低焦慮等等。未培養良好的品格，可能會錯失許多好處。

此外，失德的代價嚴重。受到環境條件影響，我們就可能會忽視處於危難的人，甚至因為盲從而虐待、殺害無辜者。

最後則是神與來世的可能性。若真的還有下輩子的話，品格構成如此複雜的我們大概也很難好過。

品格結構複雜，沒有明顯的德性和劣性，知道這一點很重要。下一步則是我們是否誠實面對自己，努力朝向德性邁進。既然多數人缺乏德性，有什麼辦法能夠跨越真實自我與理想道德之間的落差？

後面幾章就來看看我們可以怎麼做。

第三部

怎麼做可以變成更好的人？

第八章

成效有限的策略

德性可以透過習慣而來，也就是我們原本沒有，必須慢慢養成。

多數人身陷同樣的窘境：品格不佳，沒有堪稱為誠實、憐憫、睿智、勇敢等等的特質，但亦非偽詐、冷血、愚昧、懦弱之輩，而是好壞混雜的複雜個體。我認為這樣的詮釋最符合前面幾章引用的心理學研究成果，也最為貼近大家的真實生活體驗。

陳述事實之後，現在得做出價值判斷——**太可惜了，我們的品格居然是這種樣貌**。第二章討論過成為好人之所以好（而且是非常好）的各種理由，因此我們應該以追求卓越品格為目標。

另一方面，並非所有結論都是負面的，倘若大部分人都具劣性，那才真的淒慘。想像一下，如果殘暴冷酷、自我中心、虛偽狡詐、充滿怨懟的人占多數，人間和地獄又有何區別。

然而，現在我們面對一個重大關卡：

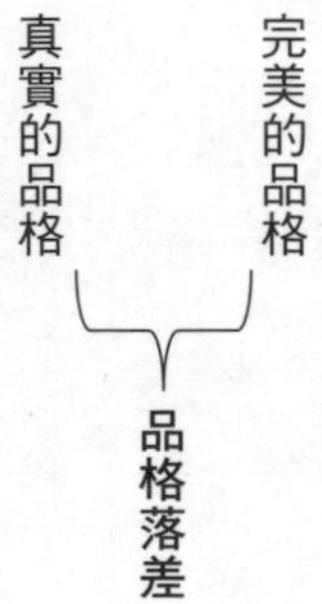

完美的品格
真實的品格
品格落差

本書最後一部要探討如何跨越**品格落差**，也就是有什麼方式能夠發展更好的品格，以及哪些方法比較值得期待？第八章先檢視三種效果較有限的做法，第九章則提供效果可能更好的選擇，最後一章則從宗教的角度做結。

當然讀者未必同意此處的分析，我覺得好的方法你認為不夠好，或反之未嘗不可。我認為無須拘泥於誰對誰錯，但至少我得先解釋個人評判這些方法的標準是什麼：

一、是否有實證研究支持？

二、做法無誤時是否確實能改變行為？甚至能夠強化動機？畢竟追求德性的過程裡，動機也是必要一環。

三、效果能否持續，還是很快消退？

四、對忙碌的現代人來說，做法是否切實可行？

五、做法是否涉及道德爭議，例如需要欺騙別人？

標準絕對不只這五項，重要性亦視情況而定，但光是這五點已經有很多值得討論之處。

開始探討實際做法之前，還有最後一點要留意。讀到這裡的人即便尚無自覺也已歷經多年的品格形成過程。書中提及的策略手段並非針對品格仍是一張白紙的對象，而是如你我般品格落在好壞之間的普羅大眾。由於我們的品格複雜多變，眼前的問題是如何能夠漸漸朝德性的方向移動。

至此我們必須回歸柏拉圖和亞里斯多德。許多探討品格的著作認為童年是培育品格最重要的階段，因此我建議大家目光不要局限於自己，也可以思考如何以這些方法輔導孩子、學生或其他年輕世代。

可是別幻想奇蹟出現，沒有一蹴可幾的做法。雖然品格改變確實可行，但過程十分緩慢。道德是一種習慣，從生活其他層面（例如飲食、運動、玩手機）就能理解改變習慣很困難。對於陶冶與精進品格，合理的期待是漸進式的成長，需時數月、甚至數年。

接著就來看看有什麼方法可用。

無為自化

最簡單的一種就是毫無作為。要跨越品格落差……就什麼都別做，希望時候到了自然而然就會變成更好的人。

表面看來這哪裡談得上是辦法，什麼也不做會讓自己變好？毫不費力就可以進步？

但有兩個理由值得將這個做法納入考慮。首先，人會隨著歲月而成長，生活的種種變化會讓我們變得更成熟。許多心理學研究發現，自律、守秩序、深思熟慮等等特質會跟著生命階段改變。大學生的自律程度低，等到四、五十歲就提高了。[1]原因為何？是因為我們花了很多時間培養這些特質嗎？

當然不是，單純是因為工作與家庭的情況讓人不得不變得更審慎自律。不準時上班後果自負、不準時交出報告後果自負、五分鐘以後就要開會、時間到了得去接小孩、不騰出時間買東西就沒晚餐吃、不把裝了尿布的垃圾桶清理乾淨整個屋子臭氣熏天。諸如此類的課題很多。

什麼也不做仍然能夠增進品格的另一個原因，在於時間。我們需要時間才能意識到自己犯了什麼錯誤並學到教訓。逃漏稅或履歷造假被逮到和懲罰以後，你就會學乖。派對上吹牛被當眾揭穿，讓你想找個地洞鑽下去，也是一種教訓。年過四十還暴飲暴食，一次心臟病發的恐懼就足以讓你改變習慣。諸如此類的震撼教育都能使你我朝好的方向轉變。[2]

總之，這套「無為自化」的手法應該比你以為的更值得推薦。[3]但我不認為可以就此自滿，畢竟大家也知道言行模式隨時間而僵化，習慣久了就會根深柢固。若是惡習，沒有立即糾正只會愈來愈難戒除。

此外，人生中究竟有多少事情能夠不勞而獲，是個值得商榷的問題。我自己想不出太多例子，或許有些人先天基因好或者得到上蒼恩賜，生來就有好本領，但絕大多數人可不是這樣。想想專業棋手，他們並非生來就精通棋藝，而是花了不知幾千幾萬個小時磨練技術才有所成就。不努力就不會有進步，有付出才有收穫。

道德品格也一樣，沒有人生來就誠實或具備惻隱之心，最多只是道德傾向比較強。品格養成需要時間和耕耘，德性崇高的人在過程中必然盡了努力也得到助力，無論來自他人或自己（或兩者皆有）。

構思增進品格的計畫時，應將時間因素納入考量。德性透過習慣形成，也就是我們原本沒有，必須慢慢養成。反覆練習是重要一環，就好比棋藝大師、美式足球四分衛、潛水冠軍等等，需要長期的訓練。換言之，真正能期待成效的做法，必須先規畫如何養成正確的習慣。

接下來看看還有什麼做法有助於我們通往道德卓越。

德性標籤

另一個跨越品格落差的辦法，保證出乎大家意料。假如你接受了本書前面的論述，也真的相信生活中多數人都不具德性，自然就會對他們採取不同觀點。但有趣的點子來了——即使心中已有定見，下次見面時你仍然應該當他們是誠實的人、讚許他們富有同情心或勇氣。為什麼這麼做？這樣不對吧？

少安勿躁。這麼做的用意在於給他們貼上標籤。標籤有很大意義，人常常不自覺就會變成被貼上的標籤的模樣。假如大家都在乎被賦予的形象，例如誠實的人，那麼就會愈來愈誠實。[4]

已經有一些設計精巧的實驗證明這個做法確實可行，至少在某些情境中能夠發揮作用。下面是一些例子：

愛乾淨實驗：最有名的相關研究出自一九七五年內布拉斯加大學的心理學家理查．米勒（Richard Miller）的團隊。實驗中一組小五學生被教師評為「愛乾淨」；另一組則由研究人員勸說保持整齊乾淨作為對照。結果呢？被評為「愛乾淨」的學生真的變得最愛乾淨。[5]

築塔實驗：一份針對孩童的研究發表於一九七〇年代，作者是明尼蘇達大學的羅傑．詹森（Roger Jensen）和雪莉．穆爾（Shirley Moore）。一組學生得到「喜歡合作」的評語，另一組則是「喜歡競爭」。同一天稍晚孩子們參與築塔遊戲，其實當下他們根本忘記先前得到什麼評價，但結果合作組堆疊的方塊數量是另一組的兩倍之多！[6]

環境實驗：較近期的實驗來自二〇〇七年義大利龐培法布拉大學的經濟學家葛特．寇涅利森（Gert Cornelissen），他塑造的形象是「注重環保、愛護生態」，得到這個標籤的顧客在選購電視機時確實表現出高度環保意識，除了比控制組的受試者來得高，居然也比被提醒要注意環保問題的客人更好。[7]

怎麼回事？如何解釋這樣的研究結果？

目前已知的是，標籤效果可以跳過意識而產生作用。這些實驗裡很多參與者根本不記得自己先前被貼上標籤，但行為還是起了變化。此外，我們知道自己一旦被貼上特定標籤，就會開始承受周遭的期待，大家希望我們能夠名副其實。若標籤為正面，為了不讓親友失望我們會努力達成，因為每個人都喜歡獲得尊重。[8]可惜除了上述初步觀察外，尚無完善、獲得學界普遍支持的心理學模型或文獻足以解釋品格標籤為何有效。值得探究之處包括當事人是否真心**相信**自己很誠實，並將信念融入思考與行為中？還是無關乎**自己**相不相信，而是和**別人**的期待有關？

姑且不論心理機制的問題，讀者或許也注意到，上面的實驗主題為愛乾淨、合作與競爭、環保意識等等，與道德特質並非直接相關，那麼是否有理由相信標籤作用在道德領域也能生效？有的，明顯和道德有關的標籤也呈現同樣趨勢。卡內基美隆大學的羅伯特．克勞特（Robert Kraut）曾經進行一次實驗，由助手挨家挨戶拜訪，請他們捐款給心臟病相關的慈善單位。半數的捐款者被告知「您真是慷慨，希望有更多人和您一樣善良」，另一半則略過這段話。[9]同樣地，沒捐款的人也有一半被評為「沒愛心」，另一半沒得到評論。

標籤在此發揮什麼作用？一週以後研究團隊找上同樣的人，請他們支持為多發性硬化症病患募款的活動，結果各組的平均捐助金額如下：[10]

獲得善良標籤的捐款者	$0.70
未獲標籤的捐款者	$0.41
獲得沒愛心標籤的未捐款者	$0.23
未獲標籤的未捐款者	$0.33

前兩行數字特別重要，看來標籤有無造成了明顯差距。

再來還有達特茅斯學院的安傑洛．史傳塔（Angelo Strenta）和波士頓大學的威廉．德容（William DeJong）的研究。實驗中賦予部分受試者「仁慈又細心」的標籤，幾分鐘以後會有一位演員假裝掉了整疊五百張的卡片。獲得標籤的受試者平均花了三十點一秒幫忙撿起一百六十三點五張卡片；沒有得到標籤的對照組員平均則為二十一點六秒與八十四點四張！11

換言之，至少現階段證據皆指向道德語言作為標籤效果頗佳。以此為前提，我們可以思考如何將標籤效應轉化為跨越品格落差的策略。在此提供範例：從今天起開始稱許配偶與兒女的同情心，即使心中存疑。讚揚朋友的誠實，即使這麼說讓你覺得難為情。有人對你一丁點兒的好，就感激對方仁慈和善。

再來，假設你是一位教師，你合理懷疑某些學生的作業不是自己寫而是抄來的。或者即將段考，但教室座位擁擠，你不免擔心學生們會偷看或交換小抄等等。你可以開口要求大家別作弊，提醒他們後果是零分、甚至退學。然而根據上述心理學研究，現在是運用標籤效果的好時機。於是你在考試之前向學生反覆傳遞一項訊息：你認為他們都是誠實的人。考試當天你又說了一番話，大意是「因為我很相信班上同學，不擔心你們互相抄答案，所以沒必要調整座位」，或者「我知道你們都很誠實，相信大家懂得怎麼做才對」。

根據前面的例子，你可以期待看見眾人的轉變，無論家人、朋友、學生都會改正行為。或許過程緩慢，但他們一定會朝向標籤指示的方向前進。

期待歸期待，但這份期待成真的機率究竟有多高？雖然利用標籤看似一個好主意，我認為實際著手前，還得考慮三個重要因素。首先就是**沒有人知道標籤到底有沒有效**。

等等，前面不是才剛引述好幾項研究，證實標籤的作用嗎？要注意的是，針對這個現象的實證研究數量還不夠多，尤其我們最關心的德性標籤比例更低。當然，缺乏研究證據並不代表這個做法肯定沒用，或許採行之後會收到很好成效，不過依舊代表我們需要再多測試看看。

再者，就算德性標籤真的有效，我們仍不知道作用時間是長是短。[12]這方面必須透過縱貫式研究長期與定期追蹤同一群樣本才能精確評估——此處的長期是指數個月、乃至於數年。

另外還有第三個因素值得考慮。就算運用標籤以後的行為的確緩慢進步了，我們卻深知不能就此認定這個人具備德性。第一章討論過德性與動機有關，給人貼上憐憫、誠實的標籤是否就能創造正面的動機？

一定有人認為不可能。剛剛提到被賦予標籤以後，很多人就行為來看是變好了，但究竟是因為他們真的關心需要幫助的人（動機為憐憫）、真的在意是非真假（動機為誠實），還是單純為了符合別人的期望？假如是為了別人的期望而做，很難稱為德性，這種動機以自身為重，目的是維護形象和不讓親友失望，並非奠基於德性。[13]

前面提到我個人的評分標準，標籤作用不符合其中三項，所以我並沒有躍躍欲試，畢竟其中牽涉到太多學界都還理不清的環節。或許未來物換星移後有了更多針對標籤效應的實驗，不僅觀察行為也瞭解動機變化，而且結果都很正面、能夠持續。儘管如此，仍有個令我遲疑的問題。

又是哪裡有問題了？沒錯，我承認能夠培養德性是天大的喜訊，但方法的對錯就不管了嗎？明知道對方沒有德性，卻硬生生給他們貼上德性的標籤，這種行為本身不值得商榷嗎？[14]

想必有人會主張結果大於方法，為達目的不擇手段也無妨。假設真的如上所述，所有研究都證實了運用標籤會結出善果，其他就都不必擔心了。

不過恐怕有許多人沒辦法說服自己跨過那條界線——只求結果合乎需求而無視手段的正當性。我就是其中之一，在我看來這種思維是以理想為藉口為暴行開脫。雖然給別人貼上德性標籤並非暴行，但口是心非讚美對方的品德確實大有問題。目標很崇高，希望對方最終能夠變好，然而為了達成目標說了自己都不相信的一番話，希望得到對方認同，那番話想必聽起來發自肺腑，因為語氣態度不夠誠懇當然也別想打動人。換個角度看，這種技倆本身就違背道德，是所謂偽善、虛假、操弄，還侵犯對方的自主權。沒錯，在許多人眼中就是這麼糟糕。

更何況真要採取標籤效應作為跨越品格落差的辦法，意味著不能讓人察覺到這項計畫，像我這樣的大嘴巴會十分討人厭。如果很多人知道標籤手法，往後大家品行獲得稱讚時都會懷疑自己是否掉入陷阱，那麼標籤作用將大打折扣。所以又多了一層虛假的顧慮——有效執行計畫的首要條件就是隱瞞！

德性標籤沒有一開始想像的那麼美好了，是嗎？為了促進德性，我們得先躲進層層虛假中才能成功？

大家看這個策略應該看膩了，想知道是否還有什麼別的辦法可用。可是在此之前，我認為應該公平一點，兩邊的論述都要瞭解才好。我總是告誡學生：要成為優秀的哲學家，就得習慣從不同的角度思考。因此在收尾前，還是要為德性標籤這個策略做點辯護。

想想「安慰劑效應」。數十年來這是醫師們都會運用的一種策略，也有證據顯示安慰劑確實能夠發揮作用。法律並未禁止安慰劑，美國醫界也不認為將之用於臨床試驗違反醫學倫理（不過安慰劑用於臨床診療則有較多反對意見）。[15]

臨床試驗中如何使用安慰劑：負責單位通常會挑選部分受試者，讓他們領取糖球服用。假如是雙盲試驗，則連醫師也不知道受試者領取的是藥物還是安慰劑，只是如常在對方面前扮演醫學權威的形象。有些試驗會事前告知受試者有一定機率會領到安慰劑，但通常受試者會相信自己確實接受了藥物治療。理所當然，實驗單位並不希望安慰劑一事廣為流傳，否則受試者可能會心生懷疑，導致安慰劑效果下降。

安慰劑效應與德性標籤如何對照應該不難理解。若將標籤視為安慰劑，會得到什麼結論？我們得先想想德性標籤與藥物試驗兩者有何重要的異同。假如認為沒有差別，而且你能接受安慰劑的話，應該就能接受德性標籤。反之，不能接受德性標籤的話，就不該接受安慰劑。你是哪一派？

我個人依舊認為德性標籤涉及的欺騙程度是個嚴重問題。但本章開頭就提過：大家判斷標準不同，歡迎批評指教。

善用推力

換個主題，注意力放到廁所（又來了）！最近有本書裡提到：

小便斗內的蒼蠅：善用推力有個好例子發生在阿姆斯特丹史基浦機場的男廁。管理單位在小便斗內刻上蒼蠅的圖案，通常男士們似乎不大注意自己在小解時有沒有瞄準，環境也因此髒亂。但現在他們找到靶了，就會格外注意，準確度大大提升。[16]

應該很多男性讀者在公廁見過同樣的設計。驚人的是，這招真的有效！阿姆斯特丹機場統計發現，尿水濺出的降幅高達八成。[17]

小便斗內的蒼蠅是運用推力的好例子，出自行為經濟學家理查・塞勒（Richard Thaler）和知名法律學者凱斯・桑思坦（Cass Sunstein）合著的暢銷書《推出你的影響力：每個人都可以影響別人、改善決策，做人生的選擇設計師》（*Nudge: Improving Decisions about Health, Wealth, and Happiness*）。他們提出的

「推力」概念引起讀者共鳴、激發大量討論，甚至也成為美國、英國等地制定公共政策的參考。[18]

推力是什麼？塞勒和桑思坦給的定義如下：

> 我們以「推力」一詞代表選擇架構中的元素，其特性為引導行為朝可預期方向移動，同時不禁絕其他選擇或大幅改變經濟誘因。能稱為推力的干預模式應該容許簡單、廉價的迴避方式而不致演變為強制規範。[19]

所謂「選擇架構」，就是做決定的脈絡或情境。

根據定義，小便斗內的蒼蠅的確屬於推力的一種，情境就是去廁所撒尿。設計上沒有禁止其他選項，使用者仍舊可以自行決定撒尿方向。在小便斗內刻蒼蠅圖案不增加使用者的開銷。只在公廁出現沒有迴避問題，更沒有規定必須命中。然而蒼蠅的出現卻引導出可預測的行為轉變。

或許有人覺得這種例子微不足道，下面再提供其他運用方式供參考：

退休註冊：資格符合的員工自動註冊在公司的退休計畫系統內，不願參與的人要另外填寫表格申請。「經統計，自動註冊極其有效地提高了美國『確定提撥制退休方案』的註冊率。」[20]

器官捐贈：目前美國公民更換駕照時並不特別需要考慮是否捐贈器官，不過這點即將改變，因為往後更換駕照前都必須填寫文件，表明自己是否有意參與捐贈計畫。[21]

戒菸：要給想戒菸卻未果的人一點推力，就請對方去銀行開戶，最初存款一元即可。之後「請他將半年內會用於買菸的金額存入帳戶，半年後驗尿確認是否有抽菸，如果沒有就可以將錢領回，如果有就關閉帳戶，戶頭餘額全部捐作公益」。[22]

主題換成器官捐贈和戒菸，應該就很少有人能否定推力的價值。關於推力有些細節需要注意。塞勒和桑思坦的定義中並未指定推力要由個人或團體刻意施加，也就是說有可能純屬巧合。比方說你正好站在人群中，眾人看見緊急事故卻沒人上前協助，這是一股將你推向無作為的力量。

看似無害的環境因素也可以成為推力。第七章提到購物中心內的糕點香味導致受試者助人意願高於對照組，香味本身是製作糕點的副產品，卻成為推動助人行為的力量。

非刻意為之的因素能夠形成推力，但引起大眾興趣的則是如何**積極**操作這道力量，尤其希望能在學校、企業、政府等大型單位中發揮作用。上面的例子已經涉及這個領域，例如企業協助員工理財規畫、政府鼓勵有駕照的公民參與器官捐贈。

塞勒與桑思坦還強調一點：推力利用了人類心理的不理性與局限。假如我們的理性完美無瑕，打從一開始就不需要外界給與推力，會直接選擇最合乎理智的做法，包括規畫退休財務、戒菸（或許一開始就不抽菸更好），以及男性朋友們尿尿本就該瞄準。

顯然人類並非全然理性。塞勒和桑思坦詳細敘述了我們思考的不理性，以及受到偏見與邏輯謬誤影響[23]，而推力就針對這些部分下手[24]。舉例而言，大家都有惰性，不願更動既有安排，於是即便我未曾規定，每學期學生都會坐在一樣的位置。類似現象包括書報雜誌的自動續訂，出版商最喜歡這種消費者，他們明白許多人就算不再閱讀了也懶得打電話或寫郵件去取消訂閱。[25]

如果一開始的狀態就算好，惰性無傷大雅；反之則不然。因此支持推力的人就認為：

企業和政府應該以制度彌補人類的惰性，為員工和公民預設較佳選項，如果當事人有其他考量（例如確實不想參與退休金方案）可以自行退出。多數人由於惰性不會主動做出改變，長遠來看將受益於推力。

然而若預設選項是不參與退休規畫、也不主動詢問是否願意捐贈器官，惰性的負面影響就會日積月累十分嚴重。

這段話也凸顯了一個問題：推力可以將人推向好的一邊，也能將人推向壞的一邊。推力本身沒有必然的好壞，所以人會被推向健康飲食，也會被推向垃圾食物；會被推向吸菸，也會被推向不吸菸。蒼蠅放在小便斗內側中央有助環境整潔，但放在別的位置會如何大家可以自行想像。

塞勒和桑思坦的論述十分細膩，衍生出一套運用推力的哲學思維叫做「自由家長制」（libertarian pateralism）。[26]在此就不深入探討，焦點還是放在品格養成上。

推力與品格發展的關係是什麼？有些例子很明顯，譬如捐贈器官救人一命，能夠直接連結到道德。然而有些改變其實微乎其微，好比就只是換發駕照時會被詢問是否同意器捐，而縱使簽下同意書，也很難想像品格因此得到重大提升。不過就是打個勾，日子照舊過下去。

塞勒和桑思坦提供了其他能增進道德的例子，或許有助我們跨越品格落差：

逐年增加捐款：大家都知道有人需要幫忙，卻時常因生活忙碌而分心，最後無疾而終。但逐年增加捐款計畫則請參與者「先行小額捐款給喜歡的慈善團體，之後每年提高捐款金額」。[27]

文明度檢查：這是一個電腦程式，使用者寫好郵件以後會，該程式會檢查確認信件中憤怒與粗俗的成分是否過高。沒通過檢查會發出提示訊息，「警告：此郵件可能包含不文明內容，是否仍要寄出？」[28]

每天一元：許多城市已經採取此方案以求降低青少年懷孕比例——青春期少女若已有孩子，之後沒有懷孕的每一天都能從政府那裡獲得一元津貼。有些方案指定這筆錢必須用於大學學費。29

然而針對這些例子我們仍應謹慎小心。首先，我們同樣不知道推力的長期效果如何，**逐年增加捐款**和**文明度檢查**只是兩位學者提出的假設，尚未真正實施。確實實行的是**每天一元**，不過也還沒有比較實驗組與對照組的長期研究能分析品格有何變化。所以第一點要注意的就是資料並不充分。

沒有資料也可以猜想，而我猜想這些關乎道德行為的推力並不會對品格有深遠和長期的影響。以逐年增加捐款為例，推力會使世界更溫暖，但內容其實只是簽署文件處理捐款事宜、未來自動幫我們調高金額，怎麼看都不覺得人心會因此生出更多憐憫。其餘推力是否比較有效也值得觀望。這是我認為第二點值得注意之處。30

當然我也擔憂推力和動機之間的關係。在我看來，**文明度檢查**確實對我寫郵件的行為有長期影響，因為時間久了我會覺得警告訊息很煩，索性控制自己的文字內容免得一直看見它。的確，就結果而言，我在寫信時變得比較冷靜、禮貌待人。

問題在於轉變不是基於德性，不是因為我認同要控制文字和怒氣以免傷害別人的情緒、感受和彼此關係，只是因為我覺得煩，不想看到警告訊息。這是為了自己，不能稱作德性。所以推力究竟只改善了行為，還是連動機也有所轉化，這是第三個要注意的地方。[31]

最後一點則是推力來自誰，這值得我們深思。生活中會出現一些個人或團體為我們做安排、指引我們發展出更好的品格，比方說家長面對孩子總是這麼做，即使孩子根本不知道父母的用心良苦。可是換作企業或政府對成年人施加推力，恐怕不能放在同一標準看待。

既然德性難得，就代表以企業或政府為主體時也一樣，所以對於他們向社會大眾施加推力一事我始終感到忐忑。即便立意良善，但政府利用人性的思考盲點、行為癖好、邏輯謬誤等等來推動政策，不知大家讀完這句話做何感想？

我猜應該很多人對政府暗中誘導人民會心存顧忌。可是有些推力就其設計而言，被大眾得知以後效果便大打折扣，因此實行方（可能是政府，也可能是企業或學校等等）自然希望人們都別注意到，所以有了保密的理由。問題是多數人恐怕不喜歡被蒙在鼓裡。

根據這個前提，道德上最能接受的品格推力，是一開始就開誠布公也得到接受的設計。**逐年增加捐款**、**文明度檢查**以及**每天一元**是公開透明的，如果利用廣告訊息訴求大眾潛意識來提高慈善捐款則否。同樣地，若企業餐廳故意使用較小餐盤誘使員工減低食量卻未事前告知，也違反原則。[32]

我得釐清一點：上面提到了四個考量，意思並非要我們放棄以推力增進品格，而是強調要採取這個策略時，有許多困難必須解決。至此可列出成功的品格推力必須符合以下標準：

一、是否對促進德性有長期正面的效果？

二、是否也能促進好的動機？

三、是否經過研究觀察受試者數個月、甚至數年而得證？

四、是否對所有相關人員公開透明，而非暗中隱密進行？

上述標準與本章開頭我對德性策略的評估列表很像。我懷疑根本沒有任何推力設計能夠全部符合。但若這樣說錯了，我反而高興。

更具體一點來說，我們的「品格計畫」裡也贊助了設計精細的推力研究，負責人為印第安納大學的心理學家莎拉・霍普（Sara Hope），她試圖找出能夠激發大學生同理心的辦法。第三章提到由於同理心可以創造出無私的動機，因此能夠作為助人的絕佳起點。

有鑑於現代學子離不開手機，霍普的實驗組受試者每天收到六則與同理心有關的簡訊，為期十四天；對照組則沒有收到訊息。內容一例如下：「想想上次與朋友的互動，對方遭遇什麼挫折或難關？試著從他們的角度想一想。」[33]

霍普運用各種工具分析收到短訊的實驗組與未收到短訊的對照組有何差別，這裡僅提出兩點作為參考。短訊停止後又過了四天，學生重返霍普的實驗室進行一些活動，其中之一是「觀看校車車掌卡蓮．克萊（Karen Klein）被該校男學生霸凌的影片。內容是真人真事，霸凌者自己錄影上傳到 YouTube。」[34]看完以後，學生可以自己決定要不要去反霸凌組織做義工。

不只如此，六個月以後學生收到乍看來自不明號碼的短訊：「別再傳訊息過來了你這王八蛋！」[35]當然實際上這個訊息是霍普的實驗室發送的，由學生的回應來評判其攻擊性。

有什麼發現？相較於對照組，收到同理心推力短訊的學生更積極參與反霸凌義工，六個月以後對莫名其妙的粗話訊息也更能夠心平氣和地回應。

莎拉．霍普的研究十分出色，學生收到的同理心短訊形成品格推力，目前看來短期與長期都有影響。推力來源可靠，也不涉及任何欺瞞，學生一眼即知短訊背後用意為何。即便如此，這個推力設計仍舊無法通過所有考驗，因為我們無法確認學生行為背後的動機，無論參與反霸凌組織（短期）或者對粗魯短訊的回應（長期）都一樣。另外補充一點，受試者如何回應單次出現的無禮短訊，無法有效反映他們的同理程度，不能據此判斷六個月前的同理心推力是否造成重大影響，必須進一步研究才可以確認。

在此還是要澄清：我並非對推力與品格的關係抱持負面的態度，而是希望未來會出現能夠通過考驗的設計。[36]

本章討論了如何縮短個人真實品格與理想品格之間的差距，也提出了三種不同策略——無為自化、德性標籤及德性推力。介紹與評估時我盡可能保持公正客觀，三者也的確各有優點。但僅僅如此還不夠。下一章將介紹更有效的辦法。

第九章

成效卓著的做法

沒有足夠的動機，任何培養品格的方法都是空口說白話。

本章提供另外三種跨越品格落差的策略，我認為大家讀完以後可以立即實踐，分別是：**角色楷模**、**選擇情境**、**知其所以**。雖然我認為這三個策略大方向正確，但仍有一定保留，主要因為實證證據依舊有限，效果也都有所限制。看完世俗手段以後，下一章則試著從宗教和靈性領域尋求更多幫助。[1]

道德楷模

你的道德楷模是誰？這是值得好好想想的問題，或許能成為推動品格前進的關鍵。

我個人的出發點是父母。以我母親為例，她對抗造成行動不便和劇痛的神經疾病至今超過二十年，疼痛與抽筋有時導致她連續好幾晚無法休息，但她從未開口埋怨，展現了非凡的堅毅和信念。所以每當我遇上困難，就會想起她的處境比我艱苦許多，因此生出力量與意志。

我在南佛羅里達州長大，兒時就看著父親參與附近的海龜保育活動。一年至少六個月，我們每天巡邏三英里的海岸，發現無法獨力生存的幼龜就施以援手。

有時候我沒辦法或懶得跟著去，但我爸每天不辭辛勞在灼熱沙灘上步行三小時。做了幾年的保育工作以後，有媒體注意到並表揚了我，但實際上大部分是我父親的努力，應該出風頭的人是他。他不居功，甘願在背後默默付出。當時我還不明白，長大了才體會到他的擇善固執、犧牲奉獻和謙沖自牧。

我生命中還有其他人值得效法。例如中學英文老師古睿克先生、大學室友與後來擔任伴郎的朱安迪博士、家中妻子與小孩，他們教會我如何以喜悅和愛面對這個世界。

有些是我未曾見過面的人。耶穌連敵人都能寬恕，德蕾莎修女在印度親自照顧痲瘋病患，威廉．威伯福斯（William Wilberforce）鼓起勇氣廢除英格蘭奴隸制度。當然也包括前面提及的三位德性楷模，分別是利奧波德．索查、保羅．法默和林肯。

列出這麼多值得效法的對象，我不禁想起「好撒馬利亞人」的故事在歷史上激發出多少善行：

耶穌回答說：「有一個人從耶路撒冷下耶利哥去，落在強盜手中，他們剝去他的衣裳，把他打個半死，就丟下他走了。偶然有一個祭司，從這條路下來；看見他就從那邊過去了。又有一個利未人，來到這地方，看見他，也照樣從那邊過去了。惟有一個撒瑪利亞人，行路來到那裡；看見他就動了慈心，上前用油和酒倒在他的傷處，包裹好了，扶他騎上自己的牲口，帶到店裡去照應他。第二天拿出二錢銀子來，交給店主說：『你且照應他；此外所費用的，我回來必還你。』

「你想這三個人，哪一個是落在強盜手中的鄰舍呢？」

律法師說：「是憐憫他的。」

耶穌說：「你去照樣行吧。」[2]

《雙城記》劇情後段，雪尼．卡頓的犧牲極其撼動人心，但未免有人尚未讀過我就不詳述劇情。我從文學中找到另一個同樣感人的例子，就是維克多．雨果《悲慘世界》的知名場景：主角尚萬強剛出獄，雖然被一位主教收留進教會，卻在走投無路之下偷了對方的銀器並逃之夭夭：

門一開，幾個人氣勢洶洶跨過門檻，其中之一被另外三個揪著衣領——三個憲兵提著尚萬強進來……

「啊！是你啊！」主教望向他叫道：「還好你有回來，怎麼回事呀，不是說燭臺也給你嗎，同樣是銀的，應該能多賣個兩百法郎吧。怎麼你只拿了叉子和湯匙，沒把燭臺也帶走呢？」

尚萬強瞠目結舌，盯著主教的神情筆墨難以形容。

「先生，」警察隊長問：「所以他說的是真的？我們在路邊發現他鬼鬼祟祟，所以攔下來盤查，他身上帶著一些銀器——」

「他是不是說，」主教微笑以對：「晚上遇到個好心老僧侶拿銀器給他餞別？我明白了，你們就為這個押他過來對吧？誤會一場。」

「意思是，」隊長又問：「可以放他走？」

「當然，」主教回答。「朋友，」他繼續道：「這次記得燭臺也拿著吧。」

他從壁爐架上取兩個銀燭臺提到尚萬強面前。兩個修女靜靜看著，沒出聲、沒動作，分毫沒有揭穿主教的意思。

尚萬強四肢顫抖，木然接過燭臺，面色恍惚。

「好了，」主教說：「安心走吧。另外，朋友，下次回來的時候不必繞花園小路，走大門就好了，不管白天晚上都只是輕輕扣著而已……」

主教湊到他耳邊低聲說：「別忘記，千萬別忘記，你答應過會用這筆錢改頭換面，重新做人。」

尚萬強並不記得自己承諾過這樣的事情，聽得啞口無言。但主教一字一句說得清清楚楚，語調莊嚴肅穆：「尚萬強兄弟，你不再歸於惡，已然回到善。我買下你的靈魂，將它從黑暗的思想、偏差的精神中帶回，並且奉獻給天主。」[3]

很難叫人不打從心底敬佩主教所為。我期盼自己站在同樣立場時，也能有足夠力量寬恕對方。

以上幾個例子都呈現同樣主題。首先，道德楷模可以是還活在世上的真實人物，也可以從歷史中尋找。再者他們有可能僅僅因為單一事件中的行動而成為楷模，雪尼·卡頓和主教都是這種例子；或者因為整體生活態度值得效法，像耶穌基督、林肯、保羅·法默，乃至於更親近者，以我而言是父母和妻子。

第三點則是，角色楷模的重要性不僅在於他們實際上做了什麼或如何生活，也在於身處某個情境下，**換作他們會如何反應**。兩千多年前古哲人愛比克泰德就說過：「與人會晤，尤其對方地位卓著時，自問一句『若是蘇格拉德和芝諾，這時候會怎麼做』，如此一來就能免於手足無措。」[4]當然物換星移，現在我們遇上困難還以芝諾為依歸，恐怕只會更加不知所措，但道理本身其實不變。比方說之前基督徒之間一度風行「WWJD」手環（What Would Jesus Do?，即「耶穌基督會怎麼做？」），與愛比克泰德的想法一致。

最後，角色楷模未必要是真人才能在道德層面發揮強大影響力。各種敘事作品、虛構故事、小說、戲劇、詩歌、電影、電視節目等等都有可能出現角色楷模，改變大家的行為與生活。好撒馬利亞人與《悲慘世界》是十分鮮明的示範。[5]

道德楷模對我們究竟有什麼效果？就我所知，目前尚無學者針對每個環節做分析，但第二章已經稍微討論為何模範人物能使我們變得更好，其中最主要因素在於崇敬。我崇敬主教的行為、好撒瑪利亞人犧牲自己拯救他人、利奧波德·索查甘冒巨大風險保護下水道內的猶太人、德蕾莎修女濟弱扶傾所展現的憐憫心、耶穌和林肯的為人處世。我深深覺得他們的行為、品格與生活方式值得推崇，於是內心感動並湧出能量。這種感受在第二章討論過，稱為**昇華感**。

此處重點在於伴隨崇敬而來的感受通常包含了效法，也就是我想要變得和林肯一樣，我想要與主教有同樣的作為。我不僅僅對這些人或其行為有正面感受，也希望至少在自己崇敬的層面上能與他們更接近。

這是縮短品格落差的關鍵。我對保羅．法默的崇敬導致我效法他的品格，於是我也對其他需要幫助的人產生更多憐憫。我不會將保羅．法默拉低到自己的層級，而是試圖迎頭趕上。

道德楷模也會從其他角度增進我們品格。比方說他們能夠重塑我們的道德想像，處於特定情境時，我們會從楷模所示範的思維設想不同的應對方式。看見德蕾莎修女如何對待痲瘋病人，我不僅僅崇敬和模仿（希望能成功），也從她身上看到面對病患的全新態度——透過德蕾莎修女，病人在我眼中也有了不同的面貌。[6]文學與影視作品也有擴展想像力的效果，艾瑞斯．梅鐸（Iris Murdoch）曾說：「文化最基礎、最根本就在於文學研究，因為文學教育我們如何想像與理解人類的處境。」[7]這個過程也能塑造我們的品格。

然而存在於現實生活中的角色楷模有另一個好處，就是我們能與對方一起成長，即使沒有自覺也彷彿成為對方的門徒，不知不覺模仿其言行、思想、好惡與觀點。長期累積以後，這樣的仿效一定會滲透我們的品格。[8]

說完了對楷模和其言行的崇敬，也明白這份崇敬透過不同方式對自身品格與言行產生的幫助。乍聽很棒，但是否有具體證據可以證明道德楷模真的能造成影響，至少足夠改變個人的行為呢？

有的。事實上至少六十年以前，心理學界就已經開始研究楷模的效果，尤其著重在助人層面上。[9] 以下提供兩個具代表性的研究：

受傷：克里夫蘭州立大學的約翰・威爾森（John Wilson）和理查・佩楚斯卡（Richard Petruska）請一位演員在隔壁房間慘叫，聲稱自己腳斷了，看看受試者是否會過去幫忙？受試者的行為有一到十分的評價，一分是留在座位完全無作為，十分是主動走到隔壁房間幫忙。第三章已經看過類似研究，證實團體對個體的強大影響力。

如果同房間另外一個人表現被動（留在座位，無視碰撞聲）[10]，受試者的助人分數平均為六點二一。但若出現主動積極的模範（抬起頭說：「天啊，怎麼了？」然後走進隔壁房間問：「怎麼回事？你還好嗎？我來幫你！」）[11]，平均分數就躍升到九點零五。[12]

捐血：西安大略大學的菲利普・魯希頓（J. Philippe Rushton）和牛津大學的安妮・坎貝爾（Anne Campell）研究角色楷模與捐血之間的關係。兩人發現先看到別人報名捐血的二十七位受試者裡，有十八位跟進、九位最後確實前去捐血。驚人的是，沒有遇上模範的對照組完全沒有人參與捐血。[13]

除此之外，還有很多實驗都提供了初步證據，支持道德楷模對人類行為具有正面意義。[14]但如我之前所言，仍然有些部分有待商榷。雖然角色楷模的策略目前看來值得期待，然而我們仍不清楚作用機制。譬如崇敬一個對象的效果可以維持多久？受到主教那份深厚的寬恕鼓舞之後我決定效法，但這個信念能持續幾個月嗎？還是三分鐘熱度而已？這些疑問同樣需要縱貫式研究才能解決，可惜現在還沒有足夠資料。[15]

除此之外，崇拜角色楷模所帶來的影響是否局限於特定行為？也就是說如果我受到主教啟發而懂得寬恕別人，是在各個層面都能做到，還是僅限於別人竊取我財物的情況？事實上，真的有些證據指向效法楷模的行為改變無法擴及其他情境，只在相同條件下才適用。[16]從這個角度來說，對於發展德性沒有很大幫助，因為如寬恕這種德性應該要能展現在各種不同場合，很多時候迥異於主教面對尚萬強的狀況。[17]

最後要注意崇敬這種情緒對動機有什麼影響？假如受到好撒馬利亞人的故事感動，我就找了一間遊民收容所做義工，內心抱持的究竟是什麼理由？很可惜，就我所知目前尚無能夠回答這個問題的心理學研究。

自行想像答案的話，會發現也可能存在自我中心的動機，例如：

楷模幫助他人以後得到認可與獎勵，我希望能有同樣收穫。

楷模幫助了很多人，我希望效法以後能減輕自己的罪惡感。

當然也可能有道德崇高的動機，例如：

我想成為更好的人，對其他人更好，就像楷模一樣。[18]

我和楷模一樣，希望世界有更多善和愛，更多好人好事。[19]

我和楷模一樣想多幫助人。[20]

這些動機與我個人崇敬德蕾莎修女或利奧波德．索查的經驗比較接近，如果能有心理學研究作為支持就再好不過。

總結來說，道德楷模值得推薦。以前一章開頭提出的標準來判斷，確實比目前討論過的其他方式都更合適。即便如此，我們對道德楷模的理解還在初期階段，需要更進一步的研究。

選擇情境

跨越品格落差的下一個辦法，就概念而言在本書前面就出現過，而且非常符合常識。[21]道理很簡單，就是我們應該主動尋求能刺激自己行善的情境，並積極避免各種誘惑和陷阱。哲學家約翰．多利斯（John Doris）提出一個很有名的例子：想像另一半正好遠行，一位時常態度曖昧的同事邀請你過去享受兩人晚餐。[22]在這樣的前提下，我們應該相信自己意志堅定，不會惹上一身腥嗎？直接避開這麼敏感的處境不是更好？答案顯而易見。

除此之外，選擇情境的另一層意義，在於主動尋找品格比自己更優秀的人。

如前所述，對方可以成為道德楷模（此處凸顯出不同策略能夠相輔相成），也能協助我們對抗外界誘惑。品格高尚的朋友會鼓勵我們做出正確的決定，而不是隨波逐流導致日後悔恨。久而久之或許我們就改變了，即便楷模人物不在場、無法給予指引，但憑著自己的力量我們也能遵循正道把持心志，不再輕易受到誘惑陷入泥沼。

當然要百分之百迴避各種棘手情境幾乎不可能。語帶曖昧的同事終歸是同事，然而與其一對一惹爭議，不如養成只有配偶或其他同事在場才與對方接觸的習慣。經濟學家將這種模式稱為「事前承諾策略」（precommitment strategy）：現在就採取行動，避免未來的自己陷入窘境，提高日後進入好局面的機率。發明這個詞彙的經濟學家湯瑪斯・謝林（Thomas Schelling）是諾貝爾獎得主，他在著作中說道：

> 為了促使自己為所應為、避所應避，很多人會用些小技巧，比方說知道會受誘惑，就將東西放在拿不到的地方；分階段給自己一些小獎勵；有時請可靠的朋友幫忙監督自己的飲食或吸菸狀況；或者有人將鬧鐘放在房間另一頭，以免自己

順手關了繼續賴床。常常遲到的人甚至故意把手錶調快幾分鐘來騙自己。[23]

面對道德難關我們可以採取同樣做法，利用事前承諾的策略避免自己受到引誘。但一如道德楷模，我想很多人看完上述說法以後會直覺認為：廢話！近朱者赤、近墨者黑的道理誰不明白？

我個人的顧慮則是選擇情境策略其實價值有限，因為很遺憾的是許多影響因素並不在我們的注意範圍內。既然自己都不知道言行的變因是什麼，又怎麼有效篩選適合的情境呢？

或許這麼描述太過抽象，不如回想一下前面幾章，我們討論過影響人類言行的環境因素：公廁門口使人願意幫忙送文件、糕點香味使人願意幫忙換零錢、權威命令使人服從去傷害無辜者。其餘研究發現了更多因素，如氣溫、碰觸溫熱的東西、濕紙巾、房間是否以清潔劑刷洗過、除草機噪音等等都能造成言行變化。[24]不難想見有太多環境變因是我們根本沒察覺的，或者察覺了也不認為會造成顯著影響。相較之下，同事有意勾引自己是很容易判斷的道德衝突，但濕紙巾是嗎？

值得考量的有兩點。一個是資訊，我們尚無從得知某個特定情境下影響人類道德行為的因素究竟有什麼，所以即便打從心底想當個好人，也未必能做出正確抉擇。就算進入商場前把事情都想清楚了，也難保當下不被飄來的氣味影響。而且隨著我們發現的環境因素愈來愈多，想要全部精確追蹤也愈來愈困難。我想屆時的問題反而會變成資訊過載。

再來則是可行性的問題，許多環境因素在生活中難以迴避，例如氣溫、噪音或香味。難道一聞到清潔劑就掉頭走出房間？鄰居啟動除草機就躲起來？氣溫超過攝氏三十二度就衝進車子？有些因素不受掌控，很難自己選擇。

綜合前述，我對本章提出的第二個策略有信心——大家當然應該盡可能尋找正面情境，尤其已經察覺道德危機時效果很好。但我也認為這個策略受到一些限制。繼續討論之前，我想和讀者分享有關選擇情境的另類觀點，出自紐約市立大學的心理學家保羅．沃希特爾（Paul Wachtel）。他很久以前就告訴大家：人類泰半無法自現實生活抽離、預先審視未來情境。我們身處其中，但存在本身就足以造成改變。

……單純就人際情境中接收到的刺激來研判一個人的行為太過片面，會得到不完整的結論。那些刺激很大一部分來自當事人本身，是對他行為的回應，事件之所以發生也與當事人有關，而非獨立於其身分和言行之外而完全不受控制。[25]

舉例而言，聚會中的對話會受到個人參與的影響，因此我面對的處境必然有一部分是自己造成的。

由此推論可以想見大家在看待所處的情境時，多少得留意自己在環境創造過程中扮演的角色。如何留意？就是透過選擇自身行為來塑造情境。比方說自問以下問題：我怎麼和別人握手？我的姿態如何？有沒有做好視線交流？應該表現得文靜還是外放？要主導局面還是低調行事？諸如此類。紐約市立大學哲學家哈革普．薩奇賢（Hagop Sarkissian）提到：「儘管眾人很少察覺，但時常只要朋友一個溫暖的笑容、路人一個帶著笑意的眨眼、同事握手的動作表達出堅實支持，我們的態度就完全轉變。小小動作，大大效果。只要我們開始留意，就能……彼此扶持，一起提升道德。」[26]換言之，我們主動釋放道德訊息有可能引發他人的正面回應（也可以用前章的觀點解釋為對別人施加「推力」），而他人的正面回應則會激勵我們，形成相互推動的良性循環。我實際嘗試之後發現對家中幾個幼齡孩子也有效，稍微搔搔他們胳肢窩、和他們擊個掌，都能化解棘手局面並強化正面行為。

之所以要自己動手改變情境，用意是希望長期累積以後能培養良好品格，但目前尚未找到實驗資料佐證。這方面的研究會有很高價值。完成實證之前，大家若要採取這個策略也有些要注意的細節。

與角色楷模一樣，選擇情境的做法無法滿足前章開頭提出的四個標準。但若前提並非僅此一途別無他法，我想這個策略有助於縮短品格落差應當毋庸置疑。

知其所以

影響西方世界甚鉅的哲學家，針對品格發展留下這樣的文字：

我們也必須審視自己容易飄向何處，每個人天生的傾向與好惡不同，唯有透過身心得到的樂與苦來辨別，然後將自己帶往好的方向：就像彎曲的木材可以矯直，我們也能回歸中庸之道。[27]

亞里斯多德這段話就是接下來「知其所以」策略的核心主軸，重點放在瞭解自己的「傾向」，或者我個人會稱之為「欲望」。前面幾章都觸及欲望這個概念，有時候欲望存在潛意識裡，所以我們得知其運作時會大吃一驚。本書提過存在於意識或潛意識中的欲望包括：

我想幫助別人，藉此減輕自己的罪惡感。
我想幫助別人，因為這麼做我心情會很好。
我不想幫助別人，以免引起圍觀者的反感。
我想說謊，以免在別人面前出糗。
我想說謊，藉此傷害別人。
我想作弊，以免落入失敗與困窘。
我想欺騙，以免錯誤被發現或懲罰。

種種欲望對行為造成很大的影響，為了成為更好的人就應該先行瞭解。首先我們必須意識到欲望的存在，才能在特定情境裡察覺自己是否受到影響，進一步加以彌補、矯正、平衡。

下面是一個範例。聽見隔壁有人慘叫，也發現沒有人過去處理，於是自己跟著退縮了。但這時有個聲音在心中響起：心理學上有所謂的旁觀者效應，也就是在團體中害怕尷尬會發揮莫大影響。接著我們轉而努力思考此時正確的做法究竟是什麼。很快我們會發現第一優先並非自己尷尬與否，而是受苦的人有沒有得到幫助。生出新思維之後，克服最初的猶豫，向對方伸出援手。[28]

這種轉念愈多愈好。透過自我教育瞭解欲望，尤其是潛意識心態，便可以在即將誤入歧途時改弦易轍，久而久之逐漸趨向德性。

有沒有可以支持這個說法的資料？我能找到的相關研究不算多：

對旁觀者效應進行教育：一九七〇年代蒙大拿大學的心理學家亞瑟・畢曼（Arthur Beaman）團隊曾經做過兩次實驗。他們先對受試大學生解釋身在群體內可能導致自己不願幫助他人（也就是旁觀者效應）。當天稍晚受試者會分別目擊（安排好的）意外事故，一個是騎單車出了車禍，另一個是陌生男子靠著牆壁倒下。即便周圍有不為所動的路人，仍有百分之六十七的受試者選擇幫忙。相較之下，沒有接受旁觀者效應教育的學生，只有百分之二十七願意伸出援手，差距十分顯著。更有趣的是兩週以後畢曼更換了事故內容再次實驗，接受旁觀者效應教育的學生仍有百分之四十二點五願意幫忙，對照組僅百分之二十五。[29]

助人教育：千禧年之後有一項有趣的小研究。美國空軍學院的史提芬．山繆（Steven Samuels）和威廉．凱斯比爾（William Casebeer）聯絡兩年前修習他們社會心理學課程的學生，並詢問：「關於助人行為的學習，是否使你在原本可能不會助人的情況也願意助人？」結果百分之七十二給予肯定答覆。[30]

顯然這方面還需要更多研究。

「知其所以」這項策略還有進一步空間。與選擇情境不同之處在於，知其所以的目的並非嘗試迴避所有麻煩場合及其影響，而是**當身處其中**時能夠盡快察覺、思考自己應當如何應對。也就是若你出去散步時聽見類似單車摔倒的聲音，不會因為旁邊有人就覺得尷尬而不敢過去查看，反而能夠忽視旁人的存在，專注於單車騎士是否需要協助。

另一個例子是看見同事的文件掉在地上。起初你沒反應，接著就自問：有什麼理由不幫忙呢？之所以什麼也不做，理由很可能存在潛意識裡，也就是你怕做錯什麼會惹來尷尬。於是你明白前因後果，告誡自己應該表現得更好。下次同樣事情再發生，會基於先前經驗而快速克服躊躇，甚至慢慢抵消潛意識因素，不再受其影響而猶豫是否幫忙。

接著考慮比較嚴重的情節。假設老闆、房東或者某位民意代表對你施加強烈壓力，要求你做違背道德價值的事情。這時候如果你想起米爾格倫實驗，或許就能三思而後行，仔細判斷是否應該按照對方要求去做。

不過退後一步想：我們該如何評價這個跨越品格落差的策略？單從理論層面來說我覺得很棒，畢竟要想增進品格，應該就會希望瞭解造成阻礙的欲望並避免受到影響才對？[31]

本章結束前要對知其所以的策略提出三點保留。首先，如我所言，研究證據尚且不足。我頗為訝異，不明白這個主題怎麼會沒有得到關注。當務之急是檢視知其所以的做法在各種不同欲望、不同情境內的效果。

再來就是前一小節也提過的問題：一般人是否真的能夠做得來？別忘記道德層面牽涉很廣，除了助人還有傷人、說謊、欺弊、竊盜等等，全部都要靠知其所以的策略應對的話，我想得隨時戒備才行，畢竟有太多資訊需要注意了！比方說，我必須知道數以百計導致自己無德（或有德）的潛意識欲望，以及它們對應的環境，然後參加考試、接受命令、看見小孩哭泣時都要先注意有沒有因為內心欲望而違背道德。思考時間還不能太長，因為要是緊急狀況，甚至只是在住戶會議或家長會上勇敢發言，稍微遲疑或許就錯過機會。也就是說，我得確實掌握自己的狀態，除了設法儲存大量資訊，還必須精準應用於現實生活中，同時具備快速處理的能力。重重條件對多數人而言究竟是可行還是空談，就成了問題關鍵。

持平而論，或許我們不應該從這個角度思考知其所以的策略，更合適的做法是緩步前進，先瞭解旁觀者效應並嘗試改變，然後再瞭解內心有關欺弊和誠實的欲望，並嘗試改變。接著學下一個、改下一項……一個一個層面慢慢來，就像娃娃學步。

看上去應該可行（而且合理）多了才對。然而我還有最後一個顧慮，就是這個策略會對生活品質造成什麼影響。要是我們時時刻刻監督自己與環境以免受到潛意識欲望影響，是否因此葬送了生活中很多喜悅？屆時對德性的追求太過沉重，反而讓人想棄之不顧？目前我還無法回答這幾個問題。

最後想要補充兩點。首先要澄清，如果我讓你以為培養德性、跨越品格落差的好策略只有一個，那真的是個誤會。如果本章文字造成這種印象，請容我再次鄭重否認。

前章與本章提到的**所有策略**各擅勝場，也就是說最佳策略很可能要截長補短、面面俱到——知其所以的同時也主動選擇所處情境，並追隨道德楷模的榜樣，輔以推力運作，需要的話配合標籤效應，加上生命自然的流動成長（無為自化）。此外，也有我沒提到但同樣重要的因素，像是健全的家庭、鼓勵道德發展的校園環境、安全的社區等等。完整的品格發展策略甚至還得納入更多考量。

但考量周全的同時又得注意不能製造太多壓力，以免有心向善的人承受不了。先前已經指出，才一個策略就足以造成資訊過載的問題，多重策略混合恐怕是雪上加霜。

先撇開壓力大小的問題。就假設真的能設計出既有效又全面且可行性高的策略，但只是有策略根本沒用。坊間各種心靈勵志書籍和影片介紹的做法五花八門，但除非對象是原本就動機強烈的人，或者試圖教育下一代，否則誰想找自己麻煩呢？沒有足夠的動機，任何培養品格的方法都是空口說白話。

那麼是否有辦法使人**足夠在乎**德性，然後願意去追求德性？[32]而且不能只是三分鐘熱度，還必須持之以恆？我在第二章列出德性的重要之處，個人認為作為理由已夠充分。可惜理智認同了，不代表情感上也接受。例外或許是引述的幾位有德者，他們也許能夠在大家內心激起一股力量。

此刻需要精神層面的動力。單靠理智堅持這條路很不容易，若是打從心底追求德性就輕鬆得多。如何鼓舞精神情緒？這是非常迫切的問題，遺憾的是心理學界尚未能夠有效探索。

第十章

人的努力，以及神的助力

願光芒照進人心的黑暗角落，德性取代劣性，也願人類能更明白如何找到光明。

前兩章介紹了一些策略，或許可以幫助我們跨越實際品格與理想品格之間的距離，但這些方法究竟效果如何呢？我們目前無從得知，或者說心理學家未能給予肯定答案。而且別忘記：追求德性的道路上有重重阻礙，其中一些十分細微，像空氣中的食物味道，或者房間裡面有多少人。

這是本書最後一章，我認為也應該考慮其他可能增進品格的輔助方式。截至目前為止討論的都是世俗手段，然而現代社會裡大部分人都有某種形式的宗教信仰，所以也應該研究宗教能提供什麼資源，協助我們跨越巨大的品格落差。

本章將縮小範圍至特定一門宗教傳統，畢竟短短一章篇幅難以涵蓋儒教、道教、猶太教、印度教與伊斯蘭教等世界主流宗教。我選擇針對基督信仰做深入剖析，介紹信徒可以藉由什麼方式改善品格。

開始之前先釐清：雖然主題放在基督信仰，意思**絕非**其他宗教略遜一籌，更不是希望大家改宗，原因僅在於：

一、基督信仰是世界最大的宗教。

二、對英文世界的讀者來說，無論本身是否為信徒，應該都熟悉基督信仰。

三、基督信仰重視德性和品格發展，就如何增進品格這個主題累積許多教誨與實務心得。

四、基督信仰中關於品格發展的概念與其他主流宗教並行不悖，因此可以直接套用到很多宗教。我希望其他宗教信徒也能從本章受益。

以基督信仰為題需要著重三個層面：基督教的儀式與做法，基督教如何從社會層面促進品格發展，最後是聖靈的幫助。

至於完全沒有宗教信仰的讀者，也並非就失去繼續閱讀的意義。我認為瞭解不同的世界觀及其信奉者很有好處，能夠促進彼此的理解、尊重與接納。再者雖然沒有餘裕進行調查，但基督教的禁食與告解等儀式也經歷了世俗化，值得思考其內容以及脫離宗教背景後效果有何變化。

那麼就從基督信仰與品格的關係說起，以利後續討論。

基督信仰與品格

從基督教的觀點看來，上帝顯然喜愛德性，也期許人類能表現美德。聖經裡有這樣的文字：

正因這緣故，你們要分外的殷勤；有了信心，又要加上德行；有了德行，又要加上知識；有了知識，又要加上節制；有了節制，又要加上忍耐；有了忍耐，又要加上虔敬；有了虔敬，又要加上愛弟兄的心；有了愛弟兄的心，又要加上愛眾人的心。[1]

所以，你們既是神的選民，聖潔蒙愛的人，就要存憐憫、恩慈、謙虛、溫柔、忍耐的心。倘若這人與那人有嫌隙，總要彼此包容，彼此饒恕；主怎樣饒恕了你們，你們也要怎樣饒恕人。在這一切之外，要存著愛心，愛心就是聯絡全德的。[2]

……凡是真實的、可敬的、公義的、清潔的、可愛的、有美名的，若有什麼德行，若有什麼稱讚，這些事你們都要思念。[3]

同時新約也明確指出多數人品行不夠理想：

沒有行善的，連一個也沒有。[4]

故此，我所願意的善，我反不做；我所不願意的惡，我倒去做。[5]

> 我願意為善的時候，便有惡與我同在。因按著我裡面的意思，我是喜歡神的律；但我覺得肢體中另有個律和我心中的律交戰，把我擄去，叫我附從那肢體中犯罪的律。[6]

> 心靈固然願意，肉體卻軟弱了。[7]

其實新約聖經描繪的品格與本書引用的心理學研究結果不謀而合。[8]也就是說，基督宗教早已認知到品格落差並特別關注。就教義而言，上帝既是全知，當然明瞭我們的品格，甚至比我們自己還要清楚：

> 神的道……連心中的思念和主意都能辨明，被造的沒有一樣在他面前不顯然。萬物在那與我們有關係的主眼前，都是赤露敞開的。[9]

> 主要照出暗中的隱情、顯明人心的意念。那時各人要從神那裡得著稱讚。[10]

基督教教義認為上帝最後將揭露每個人的內在品性並賞善罰惡。這種觀念賦予基督徒更多自我本位的動機，多數人不希望因品格偏差遭到審判與懲罰，更不喜歡隨過錯而降臨的恥辱和罪惡，尤其面對完美無瑕、創造自己的神更是如此。

然而就信徒的角度，動機不只如此，甚至應該說那並不是特別好、特別值得一提的動機。擔心自身、想要避免懲罰、罪疚和困厄都算是一種自私。[11]

基督徒對於成為好人一事有更細緻的想法，以下三種動機就無關乎自身：

一、上帝是完美的愛、公正與誠實，基督徒敬愛、崇拜和信任上帝。換句話說，他們傾慕上帝完美的品格。信奉上帝的人明白，若無神助便無法達成這樣的品格。上帝的完美是他們成為更好的人的動機，縱使過程於己無益。

二、基督徒認為耶穌是具備完美德性的完人，並以他為生命楷模，也因此無論利己與否都會努力增進品格。[12]

三、感恩也是很強的動機。基督徒的世界觀中有許多值得感恩的事物，例如上帝創造天地萬物以及神愛世人。還有神的寬恕，祂願道成肉身、降世為人，以死而復生為世人贖罪。這樣一份感恩給了基督徒追求德性的無私動機。

上述三個理由緊密相關。基督神學認為耶穌是完全的人也是完全的神，他無瑕的品格就是上帝完美的神格，並據此赦免人類的罪。

綜合來看，無論私心與否，基督徒都應該正視自身品格不足的問題，或者換個說法，就是自己品格遠不及耶穌。可以怎麼做呢？基督徒能以什麼方式跨越品格落差呢？

顯然只靠「腦袋裡的知識」卻沒有精神能量不足以達成。比方說我們或許熟記耶穌生平與教導，理性層次也明瞭那就是自己該行的道路，但結果很可能恰如保羅那句：「我覺得肢體中另有個律和我心中的律交戰。」[13]因此除了知道自己該做什麼、熟悉耶穌的故事和話語，基督徒也要將心思導引至新方向，腦袋與心靈都恆常追隨耶穌。

轉變並非一夕之間。雖然有前往大馬士革途中保羅歸信的故事，但畢竟那是少之又少的特例。[14]多數基督徒的旅途漫漫、重重險阻、曲折難行，有些年裡甚至不進反退。即便走到生命盡頭，也沒人能保證基督徒可以成就完美品格。有時候非基督徒比起基督徒走得更遠，朝誠實、憐憫等等德性邁出更多步伐，尤其起跑點愈晚愈容易加速衝刺。[15]

瞭解背景以後，我們來看看基督教文化中增進品格的三種方式。

基督信仰的儀式與習俗

基督宗教誕生之初就以數種儀式習俗為核心，例如禱告、讀經、回顧聖人生平、禁食、告解、慈善奉獻、十一稅、助人為樂。

當然各種做法主要目的未必是引人向善，而是督促基督徒更虔誠敬奉上帝。然而，過程中基督徒也會朝著更良善的品格邁出具體步伐。

這麼解釋或許還很抽象，透過實際例子來說明更好。以禱告為例，一般而言基督徒祈禱的對象有二，即上帝或耶穌（有些人也對聖母或其他聖人禱告，但無礙本節內容）。祈禱內容為何？有許多傳統禱文，其中〈主禱文〉最負盛名：[16]

我們在天上的父：

願人都尊祢的名為聖。

願祢的國度降臨；

願祢的旨意行在地上，

如同行在天上。

我們日用的飲食，今日賜給我們。
免我們的債，如同我們免了人的債。
不叫我們陷入試探；救我們脫離那惡者。
因為國度、權柄、榮耀，全是祢的，直到永遠。
阿們！

有時候基督徒也根據自己生活編排禱詞，內容可能像是：

本來以為沒希望了，但感謝主治好了我兒子的病。

感謝上帝賜福，讓莎拉進入我生命。

值得注意的是禱文都表達了感激之情。此外，可能在同一段禱告內補充：

耶穌基督，今夜我們向您禱告，懇求您救助北卡羅萊納州森林大火的受害者。上帝，我們無法想像因火災失去家園的痛苦，只求您賜給他們慰藉，幫助他們盡快重返安穩。

耶穌基督，請幫助我鄰人度過這次財務危機。若您應允，請幫他找到工作，為他開扇門，讓人賞識他的才能。

從中可以發現共通之處：對受苦之人表達憐憫，對神表達自己無力消除世間苦難的謙卑。表面上看來祈禱不在於培養品德，與品格養成似乎無關，意義在於感謝神、請求神救苦救難等等。但想想看每天反覆這類話語，持續好幾年、幾十年，應當不難想見對於品格的幫助。以上面的例子來說，基督徒自身的感恩心、憐憫心、謙卑心都得到增強。日日禱告，「免我們的債，如同我們免了人的債」，人當然會變得更寬容。[17]

告解是另一個例子。基督徒在告解中坦承自己的罪，正式告解的對象是懺悔室內的神父，非正式告解時則會找同宗教的朋友、配偶或信徒。還有一種做法是直接對神懺悔。同樣地，嚴格來說，基督徒並不求以告解成就品德，但也不難理解過程中品格有何變化。承認自己說謊、竊盜、外遇都需要莫大勇氣，我們通常害怕對別人揭露心底最深的祕密與過錯，尤其希望對方喜歡、欣賞自己時更是如此。告解就是分享個人內心的訊息，增強了我們對他人的信任，同樣是一種德性。同時，有足夠的謙遜才能面對自己的過錯，得到旁人和上帝諒解以後，自己也懂得何謂寬恕並因此感恩。更不用說能坦白自己的錯，往後較不容易重蹈覆轍。面對與告解過去的罪，一個人將更能夠堅定決心改頭換面重新生活。接近德性，其實也就是遠離劣性。[18]

第三個例子是十一稅。基督徒捐獻自己部分收入，透過教會作為慈善之用，傳統上比例為十分之一，不過金額並非重點。捐獻對信徒而言起初很難受，一方面是財務調度的問題，另一方面在於心裡會掙扎要不要每個月捐出這麼多。然而時間久了或許就會習慣、成為本能，外在誘惑與內在矛盾都減輕，反而將慷慨的德性放大，而且不只對於教會，也擴及所有需要幫助的人。

希望至此已將基督教的習俗對品格的助益解釋明白，足夠推演至其他項目，如禁食（節制與自制）、讀經（信念、理解、睿智和自制）、崇敬（謙遜、愛、信念、感恩）。如果過程順利，無論基督徒本身是否察覺，都會將注意力導向更好的生活方式（理智），並引導動機（情感）與其配合，也就是身與心都轉向基督徒認可的德性。[19]

要注意的是，宗教儀式和習俗的地位不在於取代前兩章提到的各種品格增進策略。基督徒樂於接納其他方法，只是又多出一些心靈資源，例如一般教堂的十字架裝飾形成一種推力。基督徒之間曾經風行的WWJD手環則提醒他們角色楷模的言行（一直以來也有許多人佩戴十字架項鍊）。新約聖經將每個信徒都稱為「聖人」（當然並不是每個基督徒都有超凡入聖的言行）[20]，等同於為每個基督徒掛上德性標籤和自我認同。因此我認為基督徒毫無理由放棄前述其他策略，反倒應該嘗試豐富其內涵。

最後補充一點：上述提及的儀式習俗其實不限基督教，世界主流宗教都有類似傳統。並非僅基督徒會對更高層次的神靈祈禱，也不是只有他們懂得懺悔與捐獻。儘管這裡以基督教作為範例，其實大部分原理適用範圍極廣。[21]

從社會層次培養品格

基督教文化增進信徒品格的途徑不只有各種儀式風俗，我們甚至可以說上節描述有些偏頗，未凸顯基督教的一個重點。單純從儀式來看，很容易讓人以為基督徒要跨越品格落差只能憑藉自身努力，走在正道時間夠久（並依靠上帝的幫助）才能慢慢變成好人。

事實上，基督教歷史上許多有關品格的教誨，來自於離群索居的隱士。柱頭修士老聖西蒙（St. Simeon Stylites the Elder）是個極端案例，據信他大約出生在西元三八八年左右，其事跡如下：

> 西蒙在石柱上建造小平台，決心在此苦修直至死去。原本石柱僅九呎多，但後來不斷更替★，最後柱子竟超過五十呎。[22]

沒有屋頂、床鋪或其他家具，只是石柱上的小平台，依靠周邊村民或門徒送飲食維生——聖西蒙就這麼修行三十六年，令人大呼不可思議。

我無意詆毀聖西蒙，他展現的自制與紀律在當前的西方文化難以想像，恐怕我這輩子找不到誰能望其項背。但這種遺世獨立在基督教文化是特例而非常態，而且聖西蒙自己都認同與人相處的重要性，所以才有這樣的文字：

★譯按：因聖人吸引太多群眾在底下喧譁。一呎約為三十點五公分。

即使身在石柱頂端，西蒙仍未與人斷絕聯繫。平台側面階梯從不收起，訪客攀爬上去便能求見。西蒙也與人魚雁往返，部分文字傳世至今。他不僅收徒，也對柱子下面聚集的群眾說理講道。[23]

換句話說，所謂常態其實是透過教會組織與其他信徒一起實踐信仰。基督徒的禱告常常是許多人一起進行，比方說基督教家庭用餐前會在桌邊一起祈禱，教會或信徒團體也會為人代禱、一同吟誦〈主禱文〉。

告解的對象除了神，時常包括其他信徒、神職人員、配偶、密友等。此外也有集體告解的做法。

基督徒的十一稅或其他捐獻同樣能在團體中進行，一種形式是眾人依序傳遞募捐盤。

敬奉神的時候，基督徒會聚集起來，數以十計、百計、以至於千萬計，大家一起禱告、吟唱和歡笑。

這在社交層面上有何意義？意義很多，在此針對幾項做說明。我認為最重要的是提供支持，基督徒知道自己有所歸屬，和億萬人一樣如愛自己般愛神、愛鄰人。基督徒不孤單，若是需要忠告有人可問，面對各種困難也無須獨力解決，有他人能代禱、提供建議與溫飽，甚或在財務上給予支援。內心為罪疚掙扎時有神職人員或者同教會的兄弟姊妹協助，也可以請求上帝的寬恕，在神的帶領下思考如何矯正自己。[24]

由此推演出基督教認為社交對品格發展很重要的下一個理由——人際互動可以帶來很大的**慰藉**。信仰道路有人同行，除了同舟共濟也能彼此砥礪和增長品德，對於許多基督徒而言，這是很大的心靈撫慰。尤其眼見其他基督徒也會遇上難關，每個人各有課題的同時卻又能夠互相扶助，心中自然更加踏實。

個人努力向上的過程中，信仰也提供很多**角色楷模**作為日常生活的典範。先前已經闡述過德性楷模的效果，無論基督教或其他宗教在此方面的角色都十分豐沛。耶穌本身就是完美的代表，而他的門徒以及舊約故事也是很好的參考對象，之後歷史上也出現許多聖人及靈性領袖，亞西西的方濟各就是一例。到了現代也有德蕾莎修女、C．S．路易斯★、教宗聖若望保祿二世，若要更貼近生活則可以在教會會眾或同信仰的親友之間找到德性卓著者。

基督徒的角色楷模不假外求，無須透過電視、書籍、網路等媒介，很可能

★譯註：《納尼亞傳奇》、《返璞歸真》（*Mere Christianity*）作者，二十世紀中葉英語世界中捍衛基督信仰最有力也最受歡迎的人。

是身邊的宗教導師，能夠教化其他追隨基督的人。教化可能發生在共同祈禱、讀經、相互鼓勵之際，當然還有分享彼此的生活。這樣的情誼也利於告解，有助於我們變得更好。

各種社交面向都對縮短品格落差很有幫助，至少就基督信仰的觀點來說是如此。社交方式形形色色，進入下節之前再舉一個例子：**教會戒律**。許多基督徒對這個主題感到難為情，不過戒律可以追溯到新約聖經年代，內容是基督徒犯錯時如何處理。耶穌說：

> 倘若你的弟兄得罪你，你就去，趁著只有他和你在一處的時候，指出他的錯來。他若聽你，你便得了你的弟兄。他若不聽，你就另外帶一兩個人同去，要「憑兩三個人的口作見證，句句都可定準」。若是不聽他們，就告訴教會；若是不聽教會，就看他像外邦人和稅吏一樣。[25]

對基督徒而言，戒律背後可以是慈愛，幫助我們正視生命中的過錯，就像警鐘敲醒心靈，與上帝重建良好關係。眼光放遠來看，戒律也能打造出更好的品格。[26]

在基督教的觀點下，品格受到他人影響的層面既深且廣，此處描述的自然還只是表面程度。此外，本節提及的許多作用同樣存在其他主要宗教。信仰團體、角色楷模、教義戒律等等並非基督教獨有的特徵。[27]

是否得到實驗證明？

前面從個人及團體的層面描述了幾種宗教儀式與習俗，並解釋其為何對品格有正面意義。雖然基督徒心中沒有太多疑問，但真的那麼有效嗎？

多數教徒會以自己和認識的人為例，拍胸脯給出肯定答覆，甚至舉出過去兩千年歷史上的許多聖人。但若堅持以實證為基礎，結論似乎不那麼肯定。

這並不令人意外。為了測試基督教的做法對品格的影響，理想上對照組是不信教的人，實驗組則應當是剛信基督的教徒。實驗一開始要測量受試者的品格，仔細評判每個人在誠實、憐憫、謙遜等等方面的表現，後續幾個月、乃至於幾年，請他們接收複試，如此才能統計出兩個組別的變化程度。

問題在於這個實驗設計太過理想化了。前面章節已經提過心理學界很難追蹤樣本達數年之久，一方面成本過高，再來還有樣本輟學、搬遷等等實際困難，而學者考量職涯的出版與發表壓力，也很難耗費心力在長時間得不到成果的研究上。現實面的阻礙很多，何況這種研究設計下，品格測量必須做得相當細緻，不能只是讓受試者填寫問卷、自我評量就交差了事。還有變因太多難以控制，例如基督教派別眾多如何取捨、對照組成員是否曾接觸過宗教後來才放棄，以及過程中受試者是否經歷裁員、結婚離婚之類的生命轉折？理想的研究方法太繁複、太難實現，心理學界恐怕暫時無法以嚴謹的實驗來判斷宗教的效果，但並非全無文獻可供參考。

近年來心理學家、社會學家、經濟學家及其他領域專家做了數十項研究，目的在於辨明各種宗教性指標（參加儀式的頻率、祈禱的頻率等等）與重要的正向社會指標（如教育和預防犯罪）之間是否存在關聯性。換言之，研究者沒有長時間追蹤同一群人，但訪查了受試者的宗教生活概況，以及其他與研究主題有關的日常行為。此處引用部分發現：[28]

預防犯罪：德克薩斯大學聖安東尼奧分校的克里斯多夫·艾里森（Christopher Ellison）和西華盛頓大學的克莉絲汀・安德森（Kristin Anderson）兩位社會學家針對家暴進行調查。施暴者為男性時，沒有上教會者與每週定期參與宗教活動一次以上者相較，家暴比例高出百分之六十點七。即使直接詢問配偶，未上教會的男性施暴比例仍高出四十八點七。

施暴者為女性時，未參與宗教活動的組別犯行比例高出百分之四十四點二。直接詢問其配偶所得回應，未信教的女性施暴比例多出百分之三十四點八。[29]

另一項研究範圍更廣，發現參與宗教能夠降低四十三種犯罪。[30]經濟學家同樣認為宗教指標與地區犯罪率有關聯。[31]

教育：德州大學奧斯汀分校的馬克・賴格納洛斯（Mark Regnerus）與北卡羅來納大學教堂山分校的葛倫・艾德（Glen Elder）兩位社會學家則研究了各種宗教指標是否有助於七至十二年級學生的品學表現。[32]針對校園環境，所謂「品行兼優」有比較精確的定義，包括平均成績高低、是否完成作業、與教師的互動、是否遭到退學或停學以及無故曠課等等。他們以上教會作為變因，發現確實與學生品學相關，尤其在貧戶數比例高的社區更形明顯。兩人指出：「社區的貧困比例愈高，上教會愈有助於學生的品學表現。」[33]

另一項研究發現，參與宗教「與之後（兩年）的家長期望、教養溝通、進階數學課程成績、花在作業的時間、學位取得比例成正比，與翹課次數則成反比」。[34]其他研究亦得到類似結論。[35]

健康：研究顯示宗教參與可以降低自殺比例[36]和藥物濫用[37]、增進健康保健[38]、減少抽菸[39]和酗酒[40]問題、整體生活模式更健康[41]，也促進了心理健康[42]，甚至連死亡率都下降了[43]。針對特定項目來看，西奈都市健康研究所（Sinai Urban Health Institute）的莫琳．班傑明（Maureen Reindl Benjamins）團隊針對一千零七十位長老教會女性做研究，發現過去兩年內有高達百分之七十五的人接受了乳房X光檢查，同年齡層的全國平均值則只有百分之五十六。若以每週參與宗教活動為變因，她發現定期參與者接受檢查的比例為較少參加者的兩倍。[44]

主觀的身心健全：克里斯多夫．艾里森教授亦針對宗教確信度（religious certainty，即個人對信仰的穩固程度）做了調查，發現與自陳的生活滿意度直接相關。細節可分為社區生活、非工作的活動與休閒、家庭生活、交友圈、自身健康狀態。此外，宗教確信度也能增加自陳的幸福感並降低壓力。[45]

其他研究同樣指出宗教對生活的影響力與婚姻、工作、教育相當。[46]宗教也可預測個人對於家庭、財務、友誼、健康的滿意傾向。[47]還有研究指出，宗教可以增加社會支持[48]、對婚姻的滿意和調適程度[49]。

慈善：前雪城大學商學院教授阿圖．布魯克斯（Arthur Brooks）發現宗教和慈善間的連結十分驚人。[50]常參與宗教活動的人更常捐款（百分之九十一對比百分之六十六），也比少參與、甚或不參與宗教活動的人更常擔任義工（百分之六十七對比百分之四十四）。以公元兩千年為例，相較於少參與或不參與宗教活動的人，常參與宗教活動的人平均捐款金額高達三倍半（兩千兩百一十美元對比六百四十二美元）、參與義工次數兩倍以上（十二次對五點八次）。即使將變因改為祈禱頻率、虔誠度，或者不管參與頻率只看是否隸屬某教會，結果仍然呈現同樣趨勢。其他類別的慈善也一樣：「二〇〇二年，有信仰者較無信仰者更樂意捐血、提供食物或金錢給遊民、將找錯的錢還給店員、對不幸的人表達同情……與無信仰者相比，有信仰者每月幫助遊民一次以上的機率高出百分之五十七。」[51]

還有一個發現是，基要派、福音派、主流新教、自由主義新教教徒中，有百分之二十表示過去兩年內曾捐出「大筆」款項給致力幫助窮人的慈善團體。作為對照，無信仰者的回答僅百分之九點五。[52]

二〇〇二美國青年與宗教調查（National Study of Youth and Religion）將上述現象簡要以數據呈現。調查對象為兩千四百七十八名十二年級的學生，他們根據自身狀況作答，此處從大量資料中挑出以下幾例：[53]

	每週參與宗教活動者	無宗教信仰者
避免抽菸	88.1%	73.2%
過去一年未販售毒品	93.3	81.6
過去一年未使用成癮性藥物	80.2	62.9
不違反交通規則	71.9	63.0
過去一年沒有遭到警方盤查	93.6	86.3
過去一年沒有順手牽羊	76.3	65.9
前一學年沒有逃學	47.8	31.0
未遭停學或退學	82.2	70.9
未做過社區服務或義工	13.1	37.8
未參與學生自治團體	71.6	84.5

沒有每天運動	51.4	66.4

觀察宗教對學生的重要性或者他們加入宗教團體幾年，也會找出同樣規律。繼續說下去會沒完沒了，因為**數百項**研究指出類似關連。[54]然而我們必須瞭解這些研究有所局限。上面提到的都屬於相關性研究，所謂相關性並不等同於因果關係，也就是我們無法確認結果因何而起——或許真相是具有低犯罪率、樂於捐獻、身體健康等等特徵的人才會傾向參與宗教活動，假若如此則研究結論與本章主題沒有太大關係。

就現有文獻而言，我個人看不出因果關係如何建立，所以只能陳述個人意見：若說宗教完全沒有影響實在令人難以置信，我認為宗教信仰至少發揮了一定程度的作用。同理，行為也會影響宗教參與程度，兩邊互為因果。

舉例而言，統計發現常上教會的人做好事的比例較平均高出百分之二十五。[55]回到基督教的主題，如果教會對慈善的強調完全沒有增加教徒的捐獻，未免太匪夷所思。許多牧師針對慈善活動進行布道，會場也備有募捐盤傳遞，就連新約聖經也對施捨多有著墨，像是：

我凡事給你們作榜樣，叫你們知道應當這樣勞苦，扶助軟弱的人，又當記念主耶穌的話，說：『施比受更為有福。』」56

慈善方面不乏角色楷模。而且教會通常會為各種公益舉辦募款活動，還有許多相關的推廣。

從心理學觀點來看，我認為宗教影響首先在於重申基督徒對生活的道德期許，捐獻被視為常態而非特例。此外，道德期許透過宗教活動得到凸顯，類似第六章提到的榮譽準則或十誡可以抑制欺弊。德性在宗教集會得到彰顯，督促教徒達成道德期許捐獻助人。

宗教活動與前述各項正面結果之間可能都存在類似的心理過程，我相信很多基督徒會附和這種說法。可是究竟這樣解釋實驗發現的相關性是否符合事實，則有待進一步驗證。尤其是這樣的論述究竟和品格有沒有關係？判別這一點需要小心謹慎。即使我們能夠確認宗教與健康、慈善、降低犯罪等等正面現象確實存在因果關係，卻無法直接在宗教和德性之間劃上等號。

繼續以慈善捐款為例。信徒捐款或接過募捐盤的時候，內心的**動機**是什麼？

有可能是（某些）宗教習俗培養出信徒對他人的關懷，憐憫心被啟動，誘發了更強的捐款意願。然而也有可能是宗教引致的自利動機，比方說希冀來世得到獎賞之類。後面這種情況很難用來證明宗教真的能使人更具憐憫心。

我個人猜想實際情況介於兩者之間，畢竟無法將所有教徒一概而論。有時候他們的善行是因為宗教真的塑造出美好品格，但有時候可能是為了自己。可惜目前沒有足夠資料能夠精確分析人的動機。[57]

因此如同前幾章，最後我提醒大家採取略帶保留的立場。雖然得到有趣且初步支持想法的研究數據，但沒有更深入的資料時，態度謹慎為佳。就宗教儀式習俗和品格養成的關係，現在還不是蓋棺論定的時候。[58]

宗教造成的傷害

讀到這兒，或許有人會大叫：等等！就算剛才提醒大家要謹慎，整章內容依舊將宗教和品格之間的關係描繪得太過夢幻。歷史上明明有很多以宗教之名行的惡事吧？種種排擠、迫害、仇恨不也時常因宗教而起？伊斯蘭國成員的品格是否因為宗教信仰變得善良？宗教審判、十字軍、塞勒姆審巫案又如何解釋？

這種論點的主要憂慮在於宗教信仰和實踐所造成的傷害比帶來的幫助還多，不論對遭受宗教迫害者或信仰者本身的品格都深具破壞性。

在我看來這確實是很大的隱憂，不過也已經有了答案。闡述這個答案的過程有助我們再次琢磨本章提出的策略。

回到基督教本身，不可否認過去兩千多年裡許多信徒打著基督名號犯下慘絕人寰的罪行。現代基督徒必須面對這個殘酷事實，其他宗教的信徒也一樣；許多宗教都曾有過不光彩的歷史。

問題是論及人禍，世俗文化的紀錄也沒有比較體面，很多無神論者同樣因為自己對世界的認知而做出暴行。就人類歷史而言，二十世紀恐怕最為血腥恐怖，勞改、大屠殺、集中營不一而足，而且背後幾乎都存在某種世俗意識形態，像納粹主義、史達林主義、毛澤東思想等等。粗略統計幾位領袖奪走的人命：

毛澤東　四千五百萬[59]

史達林　兩千萬[60]

希特勒　一千八百萬[61]

波布　一百七十萬[62]

以上驚悚數據代表什麼意義？

針對本節而言，意義在於大家應該都認同某些世俗的意識形態應受譴責，無神論者與宗教信仰者要攜手合作阻止這些思想的散布。以納粹或勞改為例，想必大家都同意它們有害無益。

無神論者可能會強調：所以我們應該認真研究的是**合理**的世俗思想，從中尋找增進品格的辦法。史達林主義、納粹主義、毛澤東思想一開始就不在考慮內。

乍聽頭頭是道，然而回神一想就會發現，有宗教信仰的人不也能拿出這個擋箭牌嗎？譬如對基督信仰的錯誤解讀應該受到道德譴責，而且歡迎無神論者加入，大家一起阻止不當的思想流傳。比方說中世紀的宗教審判是建立在偏見上，討論助人與德性時自然不必列入。

這也意味著信徒不該認為自己的宗教**絕對**不會犯錯，無論多古怪的要求都崇高且必然導致品格進步。以基督徒為例，符合聖經教誨且利於教育、健康、慈善、公益或其他前述善行，當然值得支持，但同時也要譴責極端主義及其惡行。簡單來說，宗教審判、十字軍、塞勒姆審巫之類根本不在討論範圍內。同理，威斯特布路浸信會（Westboro Baptist Church）★也一樣，他們的觀念根本違反耶穌基督「愛鄰人」的教導；所謂「鄰人」就是所有人。

增進品格的另一種方式

前面提到許多基督教的道德概念與增進品格的方法同樣適用於其他宗教。但在最後一節，我想稍微觸及專屬於基督教的做法，也就是上帝透過聖靈形式幫助我們。

提到聖靈就表示我們要換個方向理解品格改變的過程——人類不是只能依靠自己，上帝可以主動介入並發揮莫大作用。截至目前為止，本書尚未提出如此大膽的說法。

首先為不熟悉基督教義的讀者解釋聖靈的概念。傳統基督信仰中認為上帝是三位一體，分別為聖父、聖子、聖靈。三者同樣是完全的神性，具備同等的力

★譯按：雖名為「浸信會」，但與美國其他浸信會並無關聯，為弗雷德．菲爾普斯（Fred Phelps）在堪薩斯州創立的家族教會，成員多半為其親友。該教會以極端的反同立場和抗議活動出名。

量、知識和愛，但扮演不同角色也肩負不同職責。聖父是造物主，聖子以耶穌基督的形貌來到人間成為救世主，赦免並審判我們的罪。

耶穌死而復生後聖靈得到彰顯，陪伴所有信仰者。他說：

> 你們若愛我，就必遵守我的命令。我要求父，父就另外賜給你們一位保惠師，叫他永遠與你們同在，就是真理的聖靈，乃世人不能接受的；因為不見他，也不認識他。你們卻認識他，因他常與你們同在，也要在你們裡面。[63]

更明白地說，基督教認為聖靈的主要工作就是使人**成聖**（sanctification）。成聖發生在人追隨耶穌基督之後，也就是一個教徒的精進過程。基督教義認為上帝最初為人類設計的樣貌深具德性，但我們如本書所述未能達成那個標準，而成聖就是緩慢漸進地引領教徒回歸上帝的心意。

此處重點在於，從基督信仰的觀點來看，教徒在成聖的路上不是孤軍奮戰，也並非只有教友能夠幫忙（但教友很重要）。哲學家威廉・阿爾斯通（William Alston）曾如此描述成聖：「眾所周知神在人的裡面作工，使人符合上帝的心意，能夠進入永生與神連結。」[64]

理解聖靈的背景知識後，讓我們回到品格的發展上。基督徒精進自身品格的手段很多，例如前面提到的祈禱和捐獻。除此之外，上帝也透過聖靈塑造教徒。[65] 兩者相輔相成。聖靈改變教徒品格的管道之一，就是透過**儀式與習俗**。祈禱是聖靈在人裡作工的途徑，而人之所以想要禱告也是受到聖靈感召。從基督徒的角度來看，自身品格的進步便是人與神的合作。

聖靈究竟以什麼方式影響品格？這是神學上十分複雜的議題，恐怕我們窮究畢生精力也難以完全參透。神學家嘗試提出不同模型解釋，其中一種認為上帝直接改變信徒心理，《腓立比書》中就有這樣一段文字：「就當恐懼戰兢做成你們得救的工夫。因為你們立志行事都是神在你們心裡運行，為要成就他的美意。」[66] 另一個解釋模型則主張上帝只是以種種方式引導信徒往好的方向前進，好比透過感召、溝通、訓示，彰顯上帝的楷模和愛及殷切鼓勵等等。《約翰福音》提到聖靈「要將一切的事指教你們，並且要叫你們想起我對你們所說的一切話」。[67]

阿爾斯通欣賞的另一個模型指出，所謂成聖包含受到聖潔生命吸引並有限度地參與。[68] 與此相關的聖經內容之一是《彼得後書》說經由聖靈我們「得與神的性情有分」。[69]

就我們的立場而言，不需要釐清聖靈如何影響人的品格轉變，只要知道一直以來教義都相信聖靈確實會幫助我們。但這樣的過程並非全然被動，不是教徒毫無付出就能憑空收穫。前面已經提過改變是種合作，教徒與聖靈攜手塑造自身的品格。[70]

最後要注意的是：神學與經典從未表明人必然能走完成聖之路，能否接近終點還是問題。臨終的基督徒或許距離充分的信望愛、誠實、寬恕及其餘德性都還有段距離。可想而知，成聖的道路無須在此生斷絕，而是延續到來世。[71]

本章簡短說明基督宗教如何幫助教徒跨越品格落差以成就德性。如內文所述，許多宗教助力在其他主流宗教中也能找到，只有透過聖靈轉化內在的成聖過程屬於基督信仰所獨有。

最後三章討論多種增進品格的策略，個人認為其中某些較具潛力，但追根究柢都需要進一步研究。品格養成是個剛起步的學問，尤其欠缺實驗證據。

願光芒照進人心的黑暗角落，德性取代劣性，也願人類能更明白如何找到光明。

致謝

在此感謝許多出版者和出版單位應允我引用作品內容：

第一章的《神曲》煉獄圖示來自 *The Dante Encyclopedia*, Ed. Richard Lansing, New York: Routledge, page xxv，由著作權清算中心（Copyright Clearance Center）授權使用。

第一章圖 1.4 出自 https://pixabay. com/en/checkbook-coupon-fill-check-688352/，思路泡泡圖出自 http://www.clker.com/clipart-cartoon- thought-bubble.html。我於二〇一七年一月二十八日引用，兩者皆為開放下載的免費圖片。

第二章開頭與結尾的段落改寫自我個人的文章《對三歲孩子解釋「為什麼要當好人」》，原收錄於 http://www.slate.com/bigideas/why-be-good/essays-and-opinions。著作權仍歸屬作者。

第四章虛擬實境學習機影像由巴塞隆納大學的格拉德普裘教授授權使用。

第三章到第五章及第七章，引用並改寫我二〇一三年的著作《道德品格：實證理論》，由牛津大學出版社授權使用。

第六章引用並改寫我的著作《品格與道德心理學》，同樣得到牛津大學出版社同意。

第八、九章引用並改寫我的文章〈情境論下的德性培養〉（Virtue Cultivation in Light of Situationism），收錄於《發展德性》（Developing the Virtues）一書，編者為 Julia Annas、Darcia Narvaez、Nancy Snow，經版權所有者牛津大學出版社同意。

第十章引用並改寫我的文章〈無神論與有神信仰〉（Atheism and Theistic Belief），收錄於《牛津宗教哲學研究》（Oxford Studies in Philosophy of Religion），編者 Jonathan Kvanvig，經版權所有者牛津大學出版社同意。

特別感謝 Peter Ohlin 和 Walter Sinnott-Armstrong 打從開始就對這個計畫充滿信心並一路支持。本書研究由威克森林大學「品格計畫」贊助，後續又因為坦伯頓世界慈善基金會以及坦伯頓宗教基金會發起「品格培育計畫」和「信標計畫」而有更多餘裕進行寫作。對於各方支援我十分感激，尤其要向 Michael Murray、John Churchill、Alex Arnold、Chris Stewart 四位致謝。但我在書中的主張並不代表坦伯頓基金會的立場。

Peter Ohlin、Walter Sinnott- Armstrong、Jessie Lee Miller、Edwin Poindexter、

Joyous Miller 對全書初稿提供寶貴意見，使本書更臻完美，Alan Wilson、Brandon Warmke、Ryan West、Nate King、Jonathan Deaton、Giorgio Hiatt 則對特定章節給予建議。同樣感謝 Jason Baldwin 協助索引編排。

私領域上，若未得到父母及岳母的鼓勵，我無法完成這項工作，最大幕後功臣則是為家庭付出無數心血的妻子 Jessie Lee Miller。寫書過程中么女 Lillian Joyous Miller 誕生，三個未滿五歲的娃娃加起來驚天動地，是對品格的一場巨大考驗，我自己正是「品格落差」的第一手見證。

原文注釋

序

1. http://usnews.msnbc.msn.com/_news/2011/11/26/9035999-report-shoppers-unfazed-as-man-dies-at-target。查看於二〇一二年二月。
2. 同上。

第一章

1. 經由「品格計畫」資助的研究透過實驗證實，見於 Goodwin et al. 2015。
2. 見於 Conquest 2007。
3. 想當然耳有人會質疑「道德」如何定義，以及作者如何判斷某個品格特質是否屬於道德。我很希望能夠回答這個問題，可惜尚未有人提出好答案，因此目前只能以常識作為判斷基礎。
4. Aristotle 1985.
5. Galatians 5:22–23, NIV translation.
6. 讀者若想進一步瞭解劣性，我推薦 Taylor 2008 以及 DeYoung 2009。
7. 我希望迴避根本的問題，亦即道德倫理究竟是「客觀」的，抑或是人造物因而是個「相對」的概念。道德相對論者認為何者為善、何者為惡取決於人，有人認為謙遜是德性，也有人認為自信才是德性，沒有真正的對錯可言。但我和多數哲學家一樣，認為道德有其客觀性，謙遜是不是美德有不受個人影響的獨立標準。然而深究這個話題不僅需要大量篇幅，也會導致本書偏離重心，因此如上所述，我將以廣受認同的德性與劣性為主，希望無論抱持何種道德理論的讀者都能接受。

8. 只要她行善的主要目的是圖利自己就不算是憐憫。即使動機有無私的部分，但若非最重要的因素，即不符合德性的要求。

9. 想深究的讀者可以參考 Hursthouse 1999: chapter 6。

10. 但未必所有人都如此，有些情況下品格可以快速轉變，聖經故事中前往大馬士革的掃羅（即保羅）就是一例，可見於〈使徒行傳〉9:1–19。

11. 值得留意的是：有時候劣性並非一個人做了什麼，反而是沒有做什麼。例如狄更斯作品《小氣財神》中的史古基或許算是惡人，因為他對顯然需要幫助也值得幫助的克拉契一家人視而不見，而這份淡漠來自麻木、自私、冷血、吝嗇、貪婪的性格特質。無動於衷可以被稱為「消極」的劣性，主動傷害他人則屬於「積極」的劣性。感謝阿姆斯特朗（Walter Sinnott-Armstrong）提供相關論點。

12. Brown 2000.

13. Plato 1968: 359d–360a.

14. Plato 1968: 360a–b.

15. 除此之外，所謂「惡念」必須一定程度處在自我控制之下。比方說若傷人的想法源自精神疾病則不應視為品格問題，不適合以道德譴責。

16. 亞里斯多德本人沒有提出這個詞彙，但相關論述見於 Aristotle 1145a1–2。

17. http://www.journalnow.com/townnews/literature/ed-hardin-tommy-elrod-s-tale-is-a-sad- story/article_132e856c-9a67-5a26-8b76-a154ead4be04.html。查看於二〇一七年二月十五日。

18. http://www.journalnow.com/sports/wfu/my_take_on_wake/my-take-on-wake-so-just-who-is-benedict-elrod/article_d48d7b68-c22d-11e6- 8645-a7f498691019.html。查看於二〇一七年二月十五日。

19. http://www.journalnow.com/sports/wfu/football/elrod-member-of-wake-forest-football-family-source-of-leaked/article_2aab2610-760e- 5d7a-9ae0-286bc6b8902c.html。查看於二〇一七年二月十五日。

第二章

1. 即使德性充足，仍有人會質疑為何要費心維護良好的品格。

2. Marshall 2013: 64.
3. Marshall 2013: 69.
4. Marshall 2013: 78.
5. Marshall 2013: 92.
6. Marshall 2013: 125.
7. Marshall 2013: 159.
8. Marshall 2013: 182–183.
9. Marshall 2013: 224.
10. 索查臨終前仍強烈展現出自身品格。二戰結束一年後：索查和女兒史緹亞一起騎單車出去。沿著陡坡往下時，他發現一輛俄軍卡車急速駛來，眼看就要撞上史緹亞。索查拚命踩踏板，追上女兒之後馬上將她擠到安全處，自己則立刻被龐然大物彈飛出去。腳踏車骨架扭曲得不像樣，底下破碎的遺體早已沒了氣息。「他滾進街邊水溝，血液在下水道自由流淌，」恰傑這麼說（233）。直到最後他依舊充滿勇氣。
11. Rothschild 1917: 1.
12. 林肯的品格和德性詳見 Carson 2015。
13. McClure 1879: 22–23.
14. McClure 1879: 31.
15. Carson 2015: 260–261.
16. Stevens 1998: 142.
17. Herndon and Weik 1949:487. 18. Kidder 2009: 304.
19. Kidder 2009: 306–307.
20. Kidder 2009: 30.
21. Kidder 2009: 295.
22. Kidder 2009: 23–24.

23. Haidt 2003: 282. For more on the psychology of elevation。有關昇華感的說明，參考 Haidt 2000; Algoe and Haidt 2009; and Aquino et al. 2011。

24. 感謝 Nate King 提供最後這個觀點。

25. 或許應該說「大部分並非完人」，因為在某些宗教流派內，楷模如耶穌基督被視為道德完美或十分接近完美。

26. Marshall 2013: 93.

27. Marshall 2013: 167。然而季德筆下的法默也並非全然正面，例如工作似乎排擠了他的家庭生活。

28. 我並非將情緒視為牽引人類感受和行為的粗暴力量，而是認為在對的情境中，情緒能賦予我們絕佳的動機和動力。

29. Marshall 2013: 143.

30. 可能有人會提出質疑：這段話的意思是好的行為改善了世界，未必是好的品格達成這個結果，因為品格好壞還涉及行為背後的動機。然而有好動機支撐的好行為應當能更穩定地改善世界。的確，好的行為有可能出於追求利益，前章已經討論過那種例子。但若做好事不符合自身利益的情況呢？只有奠基在德性上的動機才能保證無論於己是否有利都會去行善。

31. 第十章會再深入探討這個話題。

32. Confucius 1979: 2:1.

33. Confucius 1979: 4:6.

34. Confucius 1979: 1:8.

35. 如果有人聯想到帕斯卡賭注（Pascal's Wager）的話，完全正確。關於這個哲學概念，可參考 Lycan and Schlesinger 1989 and Rota 2016。
當然也可能宇宙間有神靈希望人類盡可能殘忍、虛假、卑劣。不能完全排除這樣的可能性，於是培養不良品格也有了立論基礎。善神與惡神都有存在的可能性，兩者是否相互抵消？無法確定，不過目前看來若有神靈存在，欣賞善人而非惡人的機率較高，因為世界主流宗教對諸如誠信、憐憫之類特質的重視程度頗為一致，即使詮釋稍有不同。就我所知沒有主流宗教鼓勵信徒往殘酷、虛偽的方向發展。
不可諱言，倘若生活在信仰較為狹隘的時代，例如古希臘眾神幾乎都善妒好鬥，或許就不會認為神欣賞有德之人。但現代人對世界宗教都有基本認識，自然能判斷人類文明傾向怎樣的神（或諸神）。

36. McCullough et al. 2002; Emmons and McCullough 2003; Peterson et al. 2010; and Wagner and Ruch 2015.
37. Park et al. 2004; Shimai et al. 2006; Park and Peterson 2008; Peterson et al. 2010; Proyer et al. 2011; Buschor et al. 2013; and Wagner and Ruch 2015.
38. Park and Peterson 2008; and Sosik et al. 2012.
39. Sosik et al. 2012: 373.
40. Sosik et al. 2012: 375。包含此處所述，該研究的多數發現皆具有相關性，可惜相關性不代表因果關係，因此我們無法斷言是德性為受試者帶來益處（Sosik et al. 2012: 379 有更多討論）。
41. Sosik et al. 2012: 377.
42. Emmons and McCullough 2003.
43. Emmons and McCullough 2003: 379.
44. Emmons and McCullough 2003: 379.
45. Emmons and McCullough 2003: 381.

第二章

1. Regan et al. 1972.
2. Regan et al. 1972: 44.
3. 此處並非罪惡感的嚴謹定義，只是粗略描述相關概念。舉例而言，罪惡感也可以出現在沒能達成內心標準，並判斷這個失誤是自己必須承擔責任的情況。
4. 有興趣可見 Miller 2013: chapter 2。
5. 可參考如 Donnerstein et al. 1975; Cunningham et al. 1980; and Lindsey 2005。
6. 實際上雷根這項研究並不局限於「罪惡／緩解模型」，也可以採用其他詮釋方式。我以此為例只是想說明依照該模型會得到什麼觀點，以及這個模型在心理學界獲得愈來愈多支持。此處尚未對人類心理做出評價，本章後段才會深入探討。值得思考的是，如果很多人因為「罪惡／緩解模型」有了助人動機，就結果論依舊代表更多人得到幫助。然而我不確定這種動機是否符合德性，之後會進一步討論。

7. Cann and Blackwelder 1984: 224.
8. 如罪惡感，此處並非嚴謹定義，只是粗略描述概念。
9. 針對尷尬和助人的關係亦可參考 Foss and Crenshaw 1978; Edelmann et al. 1984; and Gonzales et al. 1990。
10. Apsler 1975; Cann and Blackwelder 1984; and R. Miller 1996: 4.
11. Latané and Darley 1970: 58。原始研究詳見 Latané and Rodin 1969。
12. Latané and Rodin 1969: 193–195 and Latané and Darley 1970: 60–63.
13. 以下資料節錄自 Miller 2013: chapter 6。分類依據來自 Latané and Nida 1981。若要進行文獻回顧可參考 Latané and Nida 1981 and Latané et al. 1981。
14. Latané and Darley 1968。額外資料可參考 Ross and Braband 1973 and Latané and Nida 1981: 311。
15. Darley and Latané 1968 and Latané and Darley 1970: chapter 11.
16. Clark and Word 1972.
17. Clark and Word 1974。更多資料可參考 Gottlieb and Carver 1980; Latané and Nida 1981: 311; and Tice and Baumeister 1985。
18. Latané and Darley 1970: chapter 8.
19. Latané and Darley 1970: chapter 8.
20. Latané and Darley 1970: 82。更多資料可參考 Schwartz and Gottlieb 1980; Latané and Nida 1981: 311; and Chekroun and Brauer 2002。
21. Karakashian et al. 2006.
22. Latané and Dabbs 1977.
23. Petty et al. 1977b。更多資料可參考 Petty et al. 1977a, Latané et al. 1979, Latané and Nida 1981: 311,

313, and Chekroun and Brauer 2002: 855。

24. 相關概論見於 Latané and Darley 1968, 1970; Schwartz and Gottlieb 1980; Latané and Nida 1981; Latané et al. 1981; and Cacioppo et al. 1986。

25. 拉泰和達利如此解釋：「發生緊急事件時有人圍觀等同於架設舞台，從演員的角度看應該是夢想成真，但實際情況卻是惡夢，因為根本沒有機會排演，布簾一揭開就得上戲。旁觀者愈多，丟臉的機率也愈高。」（1970: 40）進一步的討論可參考 Miller and McFarland 1991; Prentice and Miller 1996; and Karakashian et al. 2006。

26. Batson et al. 1989: 929，強調語氣為原文如此。

27. Batson et al. 1989: 930.

28. Batson et al. 1989: 931.

29. Batson et al. 1989: 929.

30. Batson et al. 1989: 929.

31. 實驗方法及成果總結詳見 Batson 2011。

32. 在 Batson 2011 書中針對此一假設有大量討論和佐證資料。

33. 研究詳情見於 Miller 2013。

34. 哲學家常使用「若其他條件不變」（Other things being equal）這句話，畢竟如果你斷了一條腿或者快要昏倒了當然不算。

35. 本書無法提供規則或表格告訴讀者幫助多少人、捐獻多少錢就能稱之為憐憫，而且我很懷疑那樣的數據資料如何能夠成立。

36. Baron 1997。第七章還會再次討論這項研究。

37. Weyant 1978。結果令人訝異，一般詮釋認為助人是減輕負面情緒的手段。

38. 心理學文獻中也有其他值得參考的模型並未納入本章內容，不過就我所知別的模型並未涉及無私的動機。詳見 Miller 2013。

39. See Miller 2013.

40. Kone ni 1972.
41. Baron 1997.
42. 此處所稱者也只能代表北美和歐洲居民，因為引用的研究多數來自這兩個地區。雖然有可能放諸四海皆準，但沒有實證資料無法妄下斷語。

第四章

1. Meeus and Raaijmakers 1986: 316.
2. Meeus and Raaijmakers 1986: 318.
3. Meeus and Raaijmakers 1986: 319.
4. Meeus and Raaijmakers 1986: 319.
5. Meeus and Raaijmakers 1986: 317.
6. Miller 2013: chapter 9.
7. Zimbardo 2007.
8. http://rockcenter.nbcnews.com/_news/2011/12/19/9554915-bryan- stows-friends-describe-brutal-attack-outside-dodger-stadium。查看於二〇一五年九月十七日。
9. 需要補充的是，貝科維茨還在受試地點附近擺了口徑十二號的霰彈槍以及點三八左輪手槍。原因為何？與這個研究無關，受試者被告知槍枝用於其他實驗。
10. Berkowitz and LePage 1967.
11. Berkowitz and LePage 1967: 204.
12. Berkowitz and LePage 1967: 205–206.
13. 有關如何挑釁以及製造攻擊言行，常見方法的介紹和列表見於 Krahé 2001: chapter 1 and Bettencourt et al. 2006: 752–753。還有 Anderson and Bushman 2002: 37 也可作為參考。
14. Bushman and Baumeister 1998.
15. Berkowitz 1965.

16. Caprara 1987: 11.
17. 武器投影片見於 Caprara 1987: 9。噪音音量見於 Baron and Richardson 1994: 177–179 and Geen 2001: 36–37。暴力電玩見於 Giumetti and Markey 2007。此處所列其他環境因素見 Anderson 1987: 1161; Baron and Richardson 1994: 167–185; and Krahé 2001: 86–87。並請參考 Carver et al. 1983; Baron and Richardson 1994: 167; and Anderson and Bushman 2002: 37–38。
18. 此處描述為一九七四年的米爾格倫實驗。
19. Milgram 1974: 21，強調語氣為原文如此。
20. Milgram 1974: 60.
21. Milgram 1974: 56–57.
22. Milgram 1974: 61, 66–70.
23. Milgram 1974: 61–63。相關研究可參考 Doris 2002: 47 and Burger 2009。
24. Brown 1986: 4 and Meeus and Raaijmakers 1986: 312.
25. Burger 2009.
26. Gallardo-Pujol et al. 2015: 662。當然不能斷言這種設計百分百複製了米爾格倫實驗，畢竟電腦模擬不是真人。
27. Milgram 1974: 6, 41.
28. 米爾格倫說：「順從權威最深的影響就是失去責任感。」（1974: 8）
29. Milgram 1974: 52.
30. Milgram 1974: 74–76.
31. Corwin 1982.
32. Corwin 1982.
33. Milgram 1974: 61.
34. Milgram 1974: 95, 105–107.
35. Milgram 1974: 95, 99–105.

36. Meeus and Raaijmakers 1986: 317.
37. Miller 2013: chapter 9.
38. Corwin 1982.
39. Corwin 1982.
40. 值得注意的是，羅伯特．哈里斯或許是所謂心理變態者，我無法掌握他生平及監禁期間接受的精神鑑定，所以無法肯定。倘若他屬於此類人格，也許應該選擇其他例子較好，不過想必我們總會認識或聽過殘酷的人，此處描述的特質依舊適用。
41. Milgram 1974: 33。也請參考 Milgram 1963: 375, 377; 1974: 42–43, 148, 153–164; and Miller 2004: 196。
42. Milgram 1963: 377。也請參考 Miller 2004: 196, 215, 232。
43. 穆斯和萊梅克的實驗也發現受試者「極度不願意說出帶攻擊性的評價」。（1986: 318）

第五章

1. http://www.dailymail.co.uk/news/article-1393503/Anthony-Weiner- admits-Twitter-photo-taken-context.html。查看於二〇一五年九月二十九日。
2. http://www.nbcnewyork.com/news/local/Weiner-Admits-Confesses- Photo-Twitter-Relationships-123268493.html。查看於二〇一五年九月二十九日。
3. http://www.usatoday.com/story/news/politics/2013/07/23/weiner- more-lewd-messages/2579631/。查看於二〇一五年九月二十九日。
4. http://nypost.com/2016/08/28/anthony-weiner-sexted-busty-brunette- while-his-son-was-in-bed-with-him/。查看於二〇一七年二月十日。
5. 未必能完整描述說謊行為，但就此討論已足夠。更深入的哲學討論請參考 Sorensen 2007 and Carson 2010: chapter 1。
6. DePaulo et al. 1996, 2004; DePaulo and Bell 1996; Kashy and DePaulo 1996; DePaulo and Kashy 1998; and DePaulo 2004.

7. DePaulo et al. 1996: 989.
8. DePaulo 2004: 306。也可參考 DePaulo et al. 1996: 984。
9. DePaulo et al. 1996: 989。要注意這是平均值，無法反映每個受試者說謊以後的個別情況，例如某些受試者或許在進行實驗的那週心理狀態特別不同。此外，同一個人的不適程度也可能因為說謊內容不同而有高低起伏。可以想像或許有人覺得同樣都是日常謊言，週二就還好，到了週五卻很不妙。
10. DePaulo et al. 1996: 989.
11. DePaulo et al. 2004: 150–151.
12. DePaulo et al. 2004: 151.
13. DePaulo et al. 2004: 156.
14. DePaulo et al. 2004: 159.
15. 精確來說，面對另一半與兒女時，受試者每十次互動平均說謊不到一次。（DePaulo and Kashy 1998: 72）。
16. DePaulo et al. 2004: 160.
17. DePaulo et al. 2004: 148–149 and DePaulo 2004: 317–318, 324–325.
18. DePaulo and Kashy 1998: 72.
19. 也請參考 Millar and Tesser 1988: 263–264 對不同動機的概略分析。
20. DePaulo et al. 1996: 983 and DePaulo 2004: 309–311。若要劃分更細可參考 DePaulo et al. 2004: 152。
21. Rick and Loewenstein 2008: 645.
22. DePaulo et al. 1996: 983.
23. DePaulo et al. 1996: 991, 2004: 148–149, 157, and DePaulo and Kashy 1998: 63.
24. DePaulo et al. 1996: 983.
25. 關於為了追求權力和成就而說謊的動機，請參考 Gillath et al. 2010。關於避免懲罰責備而說謊則請參考 DePaulo et al. 1996: 983; 2004: 152。
26. DePaulo et al. 1996: 983.

27. DePaulo et al. 1996: 983.
28. DePaulo et al. 1996: 987。其中表格五註解提到為何總和並非百分百。
29. DePaulo et al. 2004: 157.
30. DePaulo et al. 2004: 152。也可參考 DePaulo et al. 1996: 983, note b。
31. DePaulo et al. 2004: 163.
32. 若要深入探究可參考 Gordon and Miller 2000: 46–47。
33. Kashy and DePaulo 1996: 1050.
34. 可參考如 Baier 1990。另一個可以描述的英語詞彙是 truthfulness（Adams 2006: 190）。
35. 更深入而仔細的討論請見 Carson 2010。
36. Kant 1996。當然康德本人認為這麼做是不對的！
37. DePaulo et al. 2004: 156.
38. 亞里斯多德說過一個人應該「言論和生活都真誠，並非因為正義可能受損，而是基於其品格狀態」。（1127b1–2）
39. Gordon and Miller 2000: 49.
40. Gordon and Miller 2000: 50.
41. Gordon and Miller 2000: 51.
42. http://time.com/money/3633433/72-million-high-school-stock-trader/。查看於二〇一五年九月二十四日。
43. DePaulo et al. 1996: 989 and 2004: 159.
44. 我在 Miller 2013: 304 內用過類似的例子。
45. DePaulo et al. 1996: 987.
46. DePaulo and Kashy 1998: 71.
47. DePaulo et al. 2004: 157。當然還是要注意所有資料都是自陳式的，可能有所偏差。
48. 更深入討論見於 DePaulo and Bell 1996 and DePaulo 2004: 319–323。

第六章

1. http://www.bbc.com/news/magazine-33738020。查看於二〇一六年八月八日。
2. Faulkender et al. 1994.
3. Faulkender et al. 1994: 212.
4. Klein et al. 2007; McCabe et al. 2006; and Rokovski and Levy 2007.
5. Haines et al. 1986: 342.
6. Diener and Wallbom 1976: 109.
7. Diener and Wallbom 1976: 110。由於繼續應答的時間並不短，可以肯定並非只是將最後一題做完。鈴響之後才作答的平均題數為二點七一（110）。
8. Shu et al. 2011: 339.
9. Shu et al. 2011: 339.
10. 關於研究的討論請見 Miller 2014: chapter 3。
11. Mazar et al. 2008: 643。類似結果可見於 Vohs and Schooler 2008: 52; Gino et al. 2009, 2011; Mead et al. 2009: 595–596; Zhong et al. 2010: 312; Gino and ftargolis 2011; and Shu et al. 2011。
12. Mazar et al. 2008: 640.
13. Mazar et al. 2008: 637。更有趣的是該校當時根本還沒有設立榮譽準則！當然也就不必擔心作弊被發現要依照榮譽準則接受懲處。為求精準，瑪札爾找了榮譽準則特別嚴苛的學校再進行實驗，結果類似。（Mazar et al. 2008: 637）
14. McCabe et al. 2001: 224.
15. McCabe et al. 2001: 224。有關榮譽準則和作弊的進一步討論可以參考 McCabe and Treviño 1993; McCabe et al. 2001; and Thorkildsen et al. 2007: 191。書中引述的部分來自 Miller 2014: 66–67。
16. Diener and Wallbom 1976: 110.
17. 以下實驗設計細節提供給有興趣者參考。對照組受試者也得到提醒，內容可能與道德無關（寫下中學時讀過的十本書），也可能與道德有關（寫下你記得的十誡內容）。提醒對於最後答題數量沒有影響，總計二十題，平均都是三點一。要注意的是，對照組沒有作弊機會。而在碎紙機情境組就看得出差異，得到的提醒與道德無關時，平均「答題」數量為四點二（代表有些微作弊情況）；得到的提醒與道德相關時，則平均下降到三點八。（Mazar et al. 2008: 636）

18. 詳細請見 Gordon and Miller 2000: 47。
19. 抱持相同觀點的近代哲學家可參考 Hursthouse 1999: 10 and Adams 2006: 121。我個人則是從 Miller 2014: 77 發展而來。

第七章

1. http://sfglobe.com/?id=13336。查看於二〇一七年二月二日。
2. http://nypost.com/2010/04/24/stabbed-hero-dies-as-more-than-20- people-stroll-past-him/。查看於二〇一六年八月五日。
3. http://www.telegraph.co.uk/news/worldnews/asia/china/8830790/ Chinese-toddler-run-over-twice-after-being-left-on-street.html。查看於二〇一六年八月五日。
4. Baron 1997.
5. Baron 1997: 501.
6. 可能還有其他種類。我所知道的其他心理研究主題與討論，詳見 Batson 2011。
7. Latané and Darley 1970.
8. https://en.wikipedia.org/wiki/Jeffrey_Dahmer。查看於二〇一六年三月七日。
9. 請見第四章以及服從和權威人物的討論。
10. 請見第三章以及旁觀者效應的討論。
11. 若以心理學專業詞彙來說，法蘭克的攻擊性在不同情境裡展現了高度「個人內變異度」（within-person variability），但在同一情境中則相反。此處文字敘述以及表 7.6 參考 Fleeson 2001: 1018。

第八章

1. Roberts 2009.
2. 值得注意的是，嚴格來說這不算「無為」。糾正自己的錯誤並因此增進人品，其實不算「什麼也不做」。
3. 如果社會公民程度高、家庭穩定則更有效。由於品格是深層的心理形成過程，即便當事人本身沒有意識到，依舊會被引導往好的方向（這種情況的確是「什麼也沒做」）。相關主題在古希臘哲學家如柏拉圖和亞里斯多德的著作中有很多討論，我個人認為非常具說服力，但前提是正好出生在好的成長環境裡，只可惜多數人並非如此。
4. 假如用於反方向，也就是給人貼上劣性標籤，是否就能使人變壞？初步研究得到的答案是：的確如此。然而要注意行為變壞不能直接等同於心存劣性。相關研究見於 Kraut 1973 and Strenta and DeJong 1981: 146。
5. Miller et al. 1975.
6. Jensen and Moore 1977.
7. Cornelissen et al. 2007: 281.
8. 相關討論請見 Jensen and Moore 1977: 307，以及 Cornelissen et al. 2007: 279。
9. Kraut 1973: 554.
10. Kraut 1973: 556.
11. Strenta and DeJong 1981: 145。其他使用德性標籤的研究可參考 Grusec et al. 1978; Grusec and Redler 1980、Mills and Grusec 1989。也可參考 Alfano 2013 有更多討論。
12. 有些研究結論是至少維持兩週，可參考 Kraut 1973 及 Grusec and Redler 1980。但其他如 Strenta and DeJong 1981: 146 則認為效果恐怕很短暫。
13. 持平而論，在許多狀況下，迎合別人期待、保持誠實形象的結果，本來就比無視他人觀感來得好。同樣地，被人視為不誠實時，也是有所回應比較有利個人生活。然而有利於生存與生活同樣不是德性的重點，這麼做只是在乎別人意見，而不是真的關心對錯和真假（此處以誠實為例補充解釋）。

14. 此處狀況與並不真的瞭解對方就稱讚對方有些不同。如果只是隨性出言讚美，我認為無傷大雅。問題出在這個方法要大家明知對方不具某種德性時也得說他有。
15. 請參考美國醫學學會出版的倫理手冊："Opinion 8.083-Placebo Use in Clinical Practice," American Medical Association Code of Medical Ethics。作者於二〇〇六年十一月參照。
16. Thaler and Sunstein 2008: 4.
17. Thaler and Sunstein 2008: 4.
18. 簡短書評可參考 Hansen and Jespersen 2013: 4。
19. Thaler and Sunstein 2008: 6。此定義存在一些問題，可以參考 Hausman and Welch 2010 and Hansen 2016，但本書內容不觸及這部分。
20. Thaler and Sunstein 2008: 111.
21. Thaler and Sunstein 2008: 182。然而阿姆斯特朗指出：既然每個人都得勾選同意書，就已經不僅是「推力」了。但至少同意與否仍由當事人自己決定。
22. Thaler and Sunstein 2008: 234.
23. 他們指出的思維問題至少包括了錨定效應、可得性捷思法、代表性捷思法、過度自信、框架效應、從眾心理。這些詞彙的定義與為何常見於大眾，可參考 Thaler and Sunstein 2008: part 1。
24. Thaler and Sunstein 2008: 8。也請參考 Hausman and Welch 2010: 126 及更值得注意的 Hansen 2016。
25. 兩個例子出自 Thaler and Sunstein 2008: 34–35。
26. Thaler and Sunstein 2008: 5.
27. Thaler and Sunstein 2008: 231.
28. Thaler and Sunstein 2008: 237.
29. Thaler and Sunstein 2008: 236.
30. 佛蒙特大學的史提芬・希金斯（Stephen Higgins）團隊進行了一項很有趣的研究。樣本為古柯鹼成癮者，為期二十四週，實驗組除了接受醫療諮詢外，每次驗尿為陰性都能獲得禮券或彩券作為推力；對照組則僅接受諮詢。相較之下實驗組戒癮程度明顯優於對照組，且不限於最初二十四週，在治療後十八個月內都表現較佳。資料來源為 Higgins et al. 2000。感謝阿姆斯特朗提供這項資訊。

31. 或許短期無法真正改變動機，但長期下來可能生效。也許是使用文雅的言詞一段時間以後，我意識到自己以前常常態度不佳，決定往後寫信時要更謹慎。這個情況是因為自己理解了禮貌的重要，而不是因為警告太惱人。

32. 進階討論可參考 Thaler and Sunstein 2008: 247– 248，以及 Hausman and Welch 2010 和 Hansen and Jespersen 2013 都有更詳盡的分析。批判推力違反重要自有價值的觀點則見於 Grüne-Yanoff 2012。他特別指出即便如「逐年增加捐款」這種設計，在當事人知道自己受到引導時也會引發嚴重反彈。針對利用餐盤大小的推力可參考 Kallbekken 2013。

33. Hope 2015: 419.

34. Hope 2015: 423.

35. Hope 2015: 423.

36. 自我推力，也就是主動施加於自身以求增進未來行為（與品格）的推力設計。這類例子會在下一章討論。

第九章

1. 在此釐清一個盲點：第八、九章的主旨並非列出所有能夠跨越品格落差的策略，甚至無法囊括所有可能的項目，因為實際討論起來內容龐大可以獨立成書。舉例而言，也應該將行為調整技術、心理治療、對德性與劣性的冥思法都列入考量。我承認還有很多需要說明的。

2. Luke 10:30–37, NIV translation.

3. http://www.online-literature.com/victor_hugo/les_miserables/26/。查看於二〇一六年八月十九日。

4. Epictetus 1983: 33.12–13.

5. 從心理學家的角度探討故事與道德發展的關係可以參考 Vitz 1990。他曾表示：「不將孩童直接置於道德抉擇情境中，卻又能有效介紹道德觀念的方法，就是讓孩童聆聽、閱讀或觀看有關此種情境的敘事。」（1990: 716）此外也可參考 Coles 1986 以瞭解聖經故事在一九六〇年代種族隔離議題中的地位。

6. 關於德蕾莎修女及她的善行如何引導我們以全新視野對待他人，可參考 Muggeridge 1971。
7. Murdoch 1971: 34.
8. 感謝 Ryan West 提供上面兩段文字的原始概念。角色楷模和師徒關係可參考 Willard 1998。
9. 以助人為主題的早期研究之整理總結可見於 Krebs 1970: 267–277。
10. Wilson and Petruska 1984: 462.
11. Wilson and Petruska 1984: 461.
12. Wilson and Petruska 1984: 464.
13. Rushton and Campbell 1977: 303。兩項研究中所謂「角色楷模」的定義較為寬鬆，雖然展示了道德正確的行為，也對受試者起了作用，但實際上雙方素不相識。
14. 也可參考 Bryan and Test 1967; Rosenhan and White 1967; White 1972; Mischel and Mischel 1976: 188, 191–192, 202–203；以及 Rushton and Campbell 1977: 298。
15. 然而就算模仿主教的欲望為時短暫，仍可能有其他效果，例如改變道德想像、塑造對待罪犯的新觀點（寬恕），而且有可能根植心中。感謝 Ryan West 提出建議。
16. Grusec, Saas-Kortsaak, and Simutis 1978; Grusec and Redler 1980: 529.
17. 先前提到的門徒概念可運用於此。若模仿現實生活中的角色楷模並感染對方的道德品格，遇上新情境時也有可能將之展現。
18. 在此列出幾位持此觀點的心理學家，如 Haidt 2000: 2–3; 2003a: 282; Aquino and Freeman 2009: 385; Algoe and Haidt 2009: 108, 116, 119, 123; Aquino et al. 2011: 704。
19. Haidt 2003a: 284.
20. 在此列出幾位持此觀點的心理學家，如 Haidt 2000: 2–3; 2003a: 282, 285; Aquino and Freeman 2009: 385; Algoe and Haidt 2009: 116, 119, 123; Aquino et al. 2011: 704, 709。一位受試者表示：「我覺得心裡有股衝動，希望自己能夠像奶奶一樣心地善良又寬大，所以我想要幫助別人！」（Algoe and Haidt 2009: 112）

21. 本章第二、第三、第四節內容根據 Miller 2016a 改寫而成。
22. Doris 2002: 147。關於選擇情境（未必與道德相關）的討論可參考 Doris 1998: 517; 2002; Merritt 2000; Merritt et al. 2010: 389–391; Slingerland 2011: 414–415。
23. Schelling 1978: 290。有些技巧形式接近推力，也可說是自己對自己施加推力。
24. 其影響參見 Miller 2013 第二章到第六章。
25. 原文取自 Wachtel 1973: 330。也可參考 Bowers 1973: 329 及 Funder 2008: 575。
26. Sarkissian 2010: 12。他還提到「影響情境的關鍵在於察覺自身給出的訊息」。至於對道德品格的影響尚有待觀察。
27. Aristotle 1985: 1109b2–8.
28. 類似的例子可參考 Mele and Shepherd 2013: 80。
29. Beaman et al. 1978: 407–408, 410.
30. Samuels and Casebeer 2005: 80.
31. 與此策略相關之討論，Samuels and Casebeer 2005 及 Mele and Shepherd 2013 特別值得參考。
32. 至少針對需要主動的策略有此問題存在。譬如「無為自化」或許不需要當事人在乎德性，可是「知其所以」則反之。

第十章

1. 2 Peter 1:5–7.
2. Colossians 3:12–14.
3. Philippians 4:8.
4. Romans 3:10.
5. Romans 7:19.
6. Romans 7: 21–23.
7. Matthew 26: 41.

8. 我在 Miller 2016b 對此著墨更多。此外，我明白在某些觀點下基督教歷史呈現的人性比本書提及的更偏向劣性，那麼品格的落差就比心理學研究的結論更大。

9. Hebrews 4:8.

10. 1 Corinthians 3:10。舊約中也有類似描述：「人心比萬物都詭詐，壞到極處，誰能識透呢？我——耶和華是鑑察人心、試驗人肺腑的，要照各人所行的和他做事的結果報應他。」（Jeremiah 17:9–10）

11. 想避免罪疚或恥辱也有可能並非全然自私，因為罪疚與恥辱代表言行有錯。在意對錯未必是害怕上帝審判或要消除負面感受，而是不希望自己成為言行會招致罪疚恥辱的那種人。若從這個角度看，基督徒有可能保持比較正面的動機。

12. 必須強調耶穌具備完美德性是「基督徒的觀點」，非教徒可能會質疑他的品格是否真的毫無瑕疵，例如他為何推倒生意人的桌子之類（馬太福音 21:12）。教徒對這類文字有許多解讀方式，不過此處並不適合過度討論經文。

13. Romans 7:23.

14. Acts 9:3–9.

15. 詳細討論見於 Lewis 1943: Book IV, chapter 10。其中舉例：「基督徒貝茲小姐的嘴巴可能比非教徒的迪克．法金要壞，但即便如此我們也無法確定基督信仰造成什麼差異，因為應當是信教的與不信教的貝茲小姐做比較，信教與不信教的迪克做比較。」（163）

16. Matthew 6:9–13, Anglican Book of Common Prayer 1662 Version.

17. 祈禱還有更深入的層面，例如基督徒也會祈求神洗滌自身罪孽、希望變成更好的人，完全呼應了品格提升的訴求。本章最後一節會探討基督徒如何以禱告呼喚聖靈進入生命造就改變。祈禱不只是人對上帝說話，也是（甚至可謂更重要的是）上帝介入我們的途徑（即使教徒本身無法察覺）。

18. 從基督徒角度看，祈禱與告解也有可能遭到扭曲，進而對品格產生不良影響。譬如有些人會以為只要事後對上帝禱告、告解就一定會得到寬恕，於是為所欲為。當然新約聖經和基督信仰的歷史文獻都明確指出，祈禱與告解不能如此濫用，只可惜現實中還是許多教徒心存僥倖並損害自身品格。遺憾的是目前我還沒看到特別針對祈禱、告解與品格發展之關聯進行的實證研究。感謝阿姆斯特朗提出上述議題。

19. 單看這段文字得到的印象會稍有偏差，誤以為基督徒僅憑藉自身努力改變品格。下一節會陳述以基督教的觀點來說，品格轉變中神仍舊居於重要地位。
20. 可參考如 Acts 9:32, Philippians 1:1。
21. 然而並非全部都能套用至其他宗教。註解十七與十九已經提到基督宗教對禱告和告解有獨特詮釋，亦即禱告、捐獻、告解等等行為本身並不足以成就德性（以神學語言則是不足以「成聖」），因為人類沒有恢復自己的能力，「轉化生命的恩典」、「聖靈在裡面作工」才是核心。本章最後一節會討論所謂的聖靈作工，感謝 Ryan West 與我討論這些議題。
22. http://www.newadvent.org/cathen/13795a.htm。查看於二〇一六年七月二十一日。
23. http://www.newadvent.org/cathen/13795a.htm。查看於二〇一六年七月二十一日。
24. 箴言第二十七章第十七節常被用以佐證社交對品格的意義：「鐵磨鐵，磨出刃來；朋友相感也是如此。」
25. 馬太福音第十八章第十五至十七節。也可參考 1 Corinthians 5:1–13。
26. 當然也要考慮到相反的狀況：若戒律導致人的孤立，就容易心生苦楚怨懟，最後捨棄了基督信仰。若以世俗方式比喻，戒律其實就像是醫護、家人、朋友與成癮者之間的關係。最終目標是復原，介入手段對所有人都不是愉快的經驗，但仍必須要求當事人承認和面對問題，並接受外力協助。
27. 承前項註解，我們可以試圖在世俗生活中找到與宗教呼應的模式，並且評估它們對於發展良好品格有多大的作用。這會是個很有趣的主題，不過留待日後詳述。容我再次強調本章內容並非意指僅有宗教手段才能達到精進品格的功效。
28. 以下實證研究結果摘自 Miller 2012。
29. Ellison and Anderson 2001。類似結果也可參考 Fergusson et al. 1986 及 Ellison et al. 1999。
30. Evans et al. 1995.
31. Lipford et al. 1993; Hull and Bold 1995; Hull 2000.
32. Regnerus and Elder 2003.

33. Regnerus and Elder 2003: 644.
34. Regnerus and Elder 2003: 644, Muller and Ellison 2001.
35. Regnerus 2000; Elder and Conger 2000.
36. Stack 1983; Donahue 1995.
37. Gorsuch 1995; National Center on Addiction and Substance Abuse 2001.
38. Schiller and Levin 1988; Benjamins and Brown 2004.
39. Koenig et al. 1998; Gillum 2005.
40. Clarke et al. 1990; Cochran 1993; Koenig et al. 1994; Cochran et al. 1998.
41. Hill et al. 2007.
42. Larson et al. 1992; Levin and Chatters 1998。有關宗教與健康的正面連結可參考 Koenig et al. 2001。
43. Hummer et al. 1999 指出，以二十歲美國人的預期壽命來看，未參與宗教活動者餘下五十五點三年，參與者卻是六十二點九年。若鎖定非裔族群，未參與者為四十六點四年，參與者是六十點一年，相差更大。
44. Benjamins, Trinitapoli, and Ellison 2006.
45. Ellison 1991.
46. Witter et al. 1985.
47. Ellison et al. 1989.
48. Ellison and George 1994.
49. Hansen 1987 and Dudley and Koslinski 1990.
50. See Brooks 2006.
51. Brooks 2006:39.
52. Regnerus et al. 1998。也可參考 Hoge et al. 1996。
53. Smith and Faris 2002.
54. 然而有些研究無法建立宗教和正面效益之間的關聯，例如 Brinkerhoff et al. 1992 以加拿大人為樣本，就沒有發現家暴比例的差異。還有 Fox et al. 1998 調查洛杉磯婦女，也找不到乳癌篩檢比例的不同。且須注意，此處提到的研究對象都是西方國家（尤以美國人為主），其他地區和猶太、基督、伊斯蘭以外的宗教都有待進一步研究。

55. Brooks 2006. 56. Acts 20:35.
56. Acts 20:35.
57. 基於阿圖．布魯克斯對慈善的論述進行相關討論的文獻可參考 Sinnott-Armstrong 2009: 44–52。
58. 此處並無排斥其他資料來源的意思。雖然本書以實證資料為主，但我無意否定個人經驗、見聞、歷史及文學等作為證據的效力。
59. Dikötter 2010.
60. Conquest 2007.
61. 資料來源為美國大屠殺紀念博物館的《大屠殺百科》（*Holocaust Encyclopedia*），https://www.ushmm.org/wlc/en/article.php?ftoduleId=10008193。查看於二〇一六年八月五日。
62. 資料來源為耶魯大學的「柬埔寨種族滅絕研究計畫」（Cambodian Genocide Program），http://gsp.yale.edu/case-studies/cambodian-genocide-program。查看於二〇一六年八月五日。
63. John 14: 15–17.
64. Alston 1988: 128.
65. 對教徒而言，這個觀念來自新約聖經，也得到早期教會背書，故流傳至今。
66. Philippians 2:13。關於模型的討論見於 Alston 1988: 128。
67. John 14:26。關於模型的討論見於 Alston 1988: 132。
68. Alston 1988: 139.
69. 彼得後書第一章第四節。關於隨之而來的洞見和被神光照拂，可由神學角度深刻探討（實際上已有很多文獻）以求更瞭解聖靈在品格養成中的地位。
70. 可將過程視為一種方程式。屬於人的這邊依舊會犯錯，但正如保羅所言：「如今，那些在基督耶穌裡的就不定罪了。因為賜生命聖靈的律，在基督耶穌裡釋放了我，使我脫離罪和死的律了。」（羅馬書 8:1-2）基督徒相信自己獲得聖靈幫助、脫離了罪，即使偶爾犯錯也能得到上帝寬恕，因此內心安穩而能夠全力精進自身品格。這種觀念有助於人類追求聖潔。熟悉神學的讀者則請理解此處討論僅止於成聖，不涉及救贖與稱義。救贖究竟是人與神的合作或單純是神的恩典，在教內都懸而未決（有時稱為「神恩獨作」與「神人合作」兩種論述的辯論），並非本書想觸及的話題。

71. 有關這條路如何延伸到來世的有趣討論，請參考 Barnard 2007。

參考文獻

Adams, Robert. (2006). *A Theory of Virtue: Excellence in Being for the Good*. Oxford: Clarendon Press.

Alfano, Mark. (2013). *Character as Moral Fiction*. Cambridge: Cambridge University Press.

Algoe, S. and J. Haidt. (2009). "Witnessing Excellence in Action: The 'Other-Praising' Emotions of Elevation, Gratitude, and Admiration." *Journal of Positive Psychology* 4: 105–127.

Alston, William. (1988). "The Indwelling of the Holy Spirit." In *Philosophy and the Christian Faith*. Ed. Thomas V. Morris. Notre Dame: University of Notre Dame Press, 121–150.

Anderson, C. (1987). "Temperature and Aggression: Effects on Quarterly, Yearly, and City Rates of Violent and Nonviolent Crime." *Journal of Personality and Social Psychology* 52: 1161–1173.

Anderson, C. and B. Bushman. (2002). "Human Aggression." *Annual Review of Psychology* 53: 27– 51.

Apsler, R. (1975). "Effects of Embarrassment on Behavior Toward Others." *Journal of Personality and Social Psychology* 32: 145– 153.

Aquino, K. and D. Freeman. (2009). "Moral Identity in Business Situations: A Social-Cognitive Framework for Understanding Moral Functioning." In *Personality, Identity, and Character: Explorations in Moral Psychology*. Darcia Narvaez and Daniel K. Lapsley. Cambridge: Cambridge University Press, 375–395.

Aquino, K., B. McFerran, and M. Laven. (2011). "Moral Identity and the Experience of Moral Elevation in Response to Acts of Uncommon Goodness." *Journal of Personality and Social Psychology* 100: 703–718.

Aristotle. (1985). *Nicomachean Ethics*. Trans. T. Irwin. Indianapolis: Hackett Publishing Company.

Baier, Annette. (1990). "Why Honesty Is a Hard Virtue." *In Identity, Character,and Morality*: Essays in Moral Philosophy. Ed. O. Flanagan and A. Rorty. Cambridge: MIT Press, 259– 282.

Barnard, Justin. (2007). "Purgatory and the Dilemma of Sanctification." *Faith and Philosophy* 24: 311–330.

Baron, R. (1997). "The Sweet Smell of . . . Helping: Effects of Pleasant Ambient Fragrance on Prosocial Behavior in Shopping Malls." *Personality and Social Psychology Bulletin* 23: 498– 503.

Baron, R. and D. Richardson. (1994). *Human Aggression*. Second Edition. New York: Plenum Press.

Batson, C. (2011). *Altruism in Humans*. New York: Oxford University Press.

Batson, C., J. Batson, C. Griffitt, S. Barrientos, J. Brandt, P. Sprengelmeyer, and M. Bayly. (1989). "Negative- State Relief and the Empathy- Altruism Hypothesis." *Journal of Personality and Social Psychology* 56: 922–933.

Beaman, A., P. Barnes, B. Klentz, and B. McQuirk. (1978). "Increasing Helping Rates through Information Dissemination: Teaching Pays." *Personality and Social Psychology Bulletin* 4: 406– 411.

Benjamins, M. and C. Brown. (2004). "Religion and Preventative Health Care Utilization among the Elderly." *Social Science and Medicine* 58: 109– 119.

Benjamins, M., J. Trinitapoli, and C. Ellison. (2006). "Religious Attendance, Health Maintenance Beliefs, and Mammography Utilization: Findings from a Nationwide Survey of Presbyterian Women." *Journal for the Scientific Study of Religion* 45: 597– 607.

Berkowitz, L. (1965). "Some Aspects of Observed Aggression." *Journal of Personality and Social Psychology* 2: 359– 369.

Berkowitz, L. and A. LePage. (1967). "Weapons as Aggression-Eliciting Stimuli." *Journal of Personality and Social Psychology* 7: 202– 207.

Bettencourt, B., A. Talley, A. Benjamin, and J. Valentine. (2006). "Personality and Aggressive Behavior under Provoking and Neutral Conditions: A Metaanalytic Review." *Psychological Bulletin* 132: 751–777.

Bowers, K. (1973). "Situationism in Psychology: An Analysis and a Critique." *Psychological Review* 80: 307–336.

257

Brinkerhoff, M., E. Grandin, and E. Lupri. (1992). "Religious Involvement and Spousal Violence: The Canadian Case." *Journal for the Scientific Study of Religion* 31: 15–31.

Brooks, Arthur. (2006). *Who Really Cares*. New York: Basic Books.

Brown, R. (1986). *Social Psychology*. Second Edition. New York: Macmillan.

Bryan, J. and M. Test. (1967). "Models and Helping: Naturalistic Studies in Aiding Behavior." *Journal of Personality and Social Psychology* 6: 400–407.

Burger, J. (2009). "Replicating Milgram: Would People Still Obey Today?" *American Psychologist* 64: 1–11.

Buschor, C., R. T. Proyer, and W. Ruch. (2013). "Self- and Peer- Rated Character Strengths: How Do They Relate to Satisfaction with Life and Orientations to Happiness?" *Journal of Positive Psychology* 8: 116–127.

Bushman, B. and R. Baumeister. (1998). "Threatened Egotism, Narcissism, Self-Esteem, and Direct and Displaced Aggression: Does Self-Love or Self-Hate Lead to Violence?" *Journal of Personality and Social Psychology* 75: 219–229.

Cacioppo, J., R. Petty, and M. Losch. (1986). "Attributions of Responsibility for Helping and Doing Harm: Evidence for Confusion of Responsibility." *Journal of Personality and Social Psychology* 50: 100–105.

Cann, A. and J. Blackwelder. (1984). "Compliance and Mood: A Field Investigation of the Impact of Embarrassment." *Journal of Psychology* 117: 221–226.

Caprara, G. (1987). "The Disposition- Situation Debate and Research on Aggression." European *Journal of Personality* 1: 1–16.

Carson, Thomas. (2010). *Lying and Deception: Theory and Practice*. Oxford: Oxford University Press.

——— . (2015). *Lincoln's Ethics*. Cambridge: Cambridge University Press.

Carver, C., R. Ganellen, W. Froming, and W. Chambers. (1983). "Modeling: An Analysis in Terms of Category Accessibility." *Journal of Experimental Social Psychology* 19: 403–421.

Chekroun, P. and M. Brauer. (2002). "The Bystander Effect and Social Control Behavior: The Effect of the Presence of Others on People's Reactions to Norm Violations." *European Journal of Social Psychology* 32: 853–867.

Clark, R. and L. Word. (1972). "Why Don't Bystanders Help? Because of Ambiguity?" *Journal of Personality and Social Psychology* 24: 392–400.

——. (1974). "Where Is the Apathetic Bystander? Situational Characteristics of the Emergency." *Journal of Personality and Social Psychology* 29: 279–287.

Clarke, L., L. Beeghley, and J. Cochran. (1990). "Religiosity, Social Class, and Alcohol Use: An Application of Reference Group Theory." *Sociological Perspectives* 33: 201–218.

Cochran, John. (1993). "The Variable Effects of Religiosity and Denomination on Adolescent Self- Reported Alcohol Use by Beverage Type." *Journal of Drug Issues* 23: 479–491.

Cochran, J., L. Beeghley, and W. Bock. (1998). "Religiosity and Alcohol Behavior: An Exploration of Reference Group Theory." *Sociological Forum* 3: 256–276.

Coles, R. (1986). *The Moral Life of Children*. New York: Atlantic Monthly Press.

Confucius. (1979). *The Analects*. *Trans*. D. C. Lau. London: Penguin.

Conquest, Robert. (2007). *The Great Terror: A Reassessment*. 40th Anniversary Edition. New York: Oxford University Press.

Cornelissen, G., S. Dewitte, L. Warlop, and V. Yzerbyt. (2007). "Whatever People Say I Am, That's What I Am: Social Labeling as a Social Marketing Tool." *International Journal of Research in Marketing* 24: 278–288.

Corwin, Miles. (1982). "Icy Killer's Life Steeped in Violence." *Los Angeles Times*, May 16.

Cunningham, M., J. Steinberg, and R. Grev. (1980). "Wanting to and Having to Help: Separate Motivations for Positive Mood and Guilt-Induced Helping." *Journal of Personality and Social Psychology* 38: 181–192.

Darley, J. and B. Latané. (1968). "Bystander Intervention in Emergencies: Diffusion of Responsibility." *Journal of Personality and Social Psychology* 8: 377–383.

DePaulo, B. (2004). "The Many Faces of Lies." In *The Social Psychology of Good and Evil*. Ed. A. Miller. New York: Guilford Press, 303–326.

DePaulo, B. and K. Bell. (1996). "Truth and Investment: Lies Are Told to Those Who Care." *Journal of Personality and Social Psychology* 71: 703–716.

DePaulo, B., D. Kashy, S. Kirkendol, M. Wyer, and J. Epstein. (1996). "Lying in Everyday Life." *Journal of Personality and Social Psychology* 70: 979–995.

DePaulo, B. and D. Kashy. (1998). "Everyday Lies in Close and Causal Relationships." *Journal of Personality and Social Psychology* 74: 63–79.

DePaulo, B., M. Ansfield, S. Kirkendol, and J. Boden. (2004). "Serious Lies." *Basic and Applied Social Psychology* 26: 147–167.

DeYoung, Rebecca. (2009). *Glittering Vices: A New Look at the Seven Deadly Sins and Their Remedies*. Grand Rapids: Brazos Press.

Diener, E. and M. Wallbom. (1976). "Effects of Self- Awareness on Antinormative

Behavior." *Journal of Research in Personality* 10: 107–111.

Dikötter, Frank (2010). *Mao's Great Famine: The History of China's Most Devastating Catastrophe*. New York: Walker and Company.

Donahue, Michael. (1995). "Religion and the Well- Being of Adolescents." *Journal of Social Issues* 51: 145–160.

Donnerstein, E., M. Donnerstein, and G. Munger. (1975). "Helping Behavior as a Function of Pictorially Induced Moods." *Journal of Social Psychology* 97: 221–225.

Doris, John. (2002). *Lack of Character: Personality and Moral Behavior*. Cambridge: Cambridge University Press.

Dudley, M. and F. Kosinski. (1990). "Religiosity and Marital Satisfaction: A Research Note." *Review of Religious Research* 32: 78–86.

Edelmann, R., J. Childs, S. Harvey, I. Kellock, and C. Strain-Clark. (1984). "The Effect of Embarrassment on Helping." *Journal of Social Psychology* 124: 253–254.

Elder, G. and R. Conger. (2000). *Children of the Land: Adversity and Success in Rural America*. Chicago: University of Chicago Press.

Ellison, Christopher. (1991). "Religious Involvement and Subjective Well-Being." *Journal of Health and Social Behavior* 32: 80–99.

Ellison, C., D. Gay, and T. Glass. (1989). "Does Religious Commitment Contribute to Individual Life Satisfaction?" *Social Forces* 68: 100–123.

Ellison, C. and L. George. (1994). "Religious Involvement, Social Ties, and Social Support in a Southeastern Community." *Journal for the Scientific Study of Religion* 33: 46–61.

Ellison, C., J. Bartkowski, and K. Anderson. (1999). "Are There Religious Variations in Domestic Violence?" *Journal of Family Issues* 20: 87–113.

Ellison, C. and K. Anderson. (2001). "Religious Involvement and Domestic Violence Among U.S. Couples." *Journal for the Scientific Study of Religion* 40: 269–286.

Emmons, R. and M. McCullough. (2003). "Counting Blessings versus Burdens: An Experimental Investigation of Gratitude and Subjective Well-Being in Daily Life." *Journal of Personality and Social Psychology* 84: 377–389.

Epictetus. (1983). *The Handbook*. Trans. N. White. Indianapolis: Hackett.

Evans, T., F. Cullen, R. Dunaway, and V. Burton. (1995). "Religion and Crime Reexamined: The Impact of Religion, Secular Controls, and Social Ecology on Adult Criminality." *Criminology* 33: 195–217.

Faulkender, P., L. Range, M. Hamilton, M. Strehlow, S. Jackson, E. Blanchard, and P. Dean. (1994). "The Case of the Stolen Psychology Test: An Analysis of an Actual Cheating Incident." *Ethics and Behavior* 4: 209–217.

Fergusson, D., L. Horwood, K. Kershaw, and F. Shannon. (1986). "Factors Associated with Reports of Wife Assault in New Zealand." *Journal of Marriage and the Family* 48: 407–412.

Fleeson, W. (2001). "Toward a Structure- and Process- Integrated View of Personality: Traits as Density Distributions of States." *Journal of Personality and Social Psychology* 80: 1011–1027.

Foss, R. and N. Crenshaw. (1978). "Risk of Embarrassment and Helping." *Social*

Behavior and Personality 6: 243– 245.

Fox, S., K. Pitkin, C. Paul, S. Carson, and N. Duan. (1998). "Breast Cancer Screening Adherence: Does Church Attendance Matter?" *Health Education and Behavior* 25: 742–758.

Funder, D. (2008). "Persons, Situations, and Person- Situation Interactions." In *Handbook of Personality: Theory and Research*. Third Edition. Ed. O. John., R. Robins, and L. Pervin. New York: Guilford Press, 568–580.

Gallardo- Pujol, D., E. Orekhova, V. Benet- Martínez, and M. Slater. (2015). "Taking Evil into the Lab: Exploring the Frontiers of Morality and Individual Differences." In *Character: New Directions from Philosophy, Psychology, and Theology*. Ed. Christian B. Miller, R. Michael Furr, Angela Knobel, and William Fleeson. New York: Oxford University Press, 652–670.

Geen, R. (2001). *Human Aggression*. Second Edition. Buckingham: Open University Press.

Gillath, O., A. Sesko, P. Shaver, and D. Chun. (2010). "Attachment, Authenticity, and Honesty: Dispositional and Experimentally Induced Security Can Reduce Self-and Other- Deception." *Journal of Personality and Social Psychology* 98: 841–855.

Gillum, R. (2005). "Frequency of Attendance at Religious Services and Cigarette Smoking in American Women and Men: The Third National Health and Nutrition Examination Survey." *Preventive Medicine* 41: 607–613.

Gino, F., S. Ayal, and D. Ariely. (2009). "Contagion and Differentiation in Unethical Behavior: The Effect of One Bad Apple on the Barrel." *Psychological Science* 20: 393– 398.

Gino, F. and J. Margolis. (2011). "Bringing Ethics into Focus: How Regulatory Focus and Risk Preferences Influence (Un)ethical Behavior." *Organizational Behavior and Human Decision Processes* 115: 145– 156.

Giumetti, G. and P. Markey. (2007). "Violent Video Games and Anger as Predictors of Aggression." *Journal of Research in Personality* 41: 1234–1243.

Gonzales, M., J. Pederson, D. Manning, and D. Wetter. (1990). "Pardon My Gaffe: Effects of Sex, Status, and Consequence Severity on Accounts." *Journal of Personality and Social Psychology* 58: 610–621.

Goodwin, Geoffrey, Jared Piazza, and Paul Rozin. (2015). "Understanding the Importance and Perceived Structure of Moral Character." In *Character: New Directions from Philosophy, Psychology*, and Theology. Ed. Christian Miller, R. Michael Furr, Angela Knobel, and William Fleeson. New York: Oxford University Press, 100–126.

Gordon, A. and A. Miller. (2000). "Perspective Differences in the Construal of Lies: Is Deception in the Eye of the Beholder?" *Personality and Social Psychology Bulletin* 26: 46–55.

Gorsuch, R. (1995). "Religious Aspects of Substance Abuse and Recovery." *Journal of Social Issues* 51: 65– 83.

Gottlieb, J. and C. Carver. (1980). "Anticipation of Future Interaction and the Bystander Effect." *Journal of Experimental Social Psychology* 16: 253–260.

Grüne- Yanoff, Till. (2012). "Old Wine in New Casks: Libertarian Paternalism Still

Violates Liberal Principles." *Social Choice and Welfare* 38: 635–645.

Grusec, J., L. Kuczynski, J. Rushton, and Z. Simutis. (1978). "Modeling, Direct Instruction, and Attributions: Effects on Altruism." *Developmental Psychology* 14: 51–57.

Grusec, J., P. Saas- Kortsaak, and Z. Simutis. (1978). "The Role of Example and Moral Exhortation in the Training of Altruism." *Child Development* 49: 920–923.

Grusec, J. and E. Redler. (1980). "Attribution, Reinforcement, and Altruism: A Developmental Analysis." *Developmental Psychology* 16: 525–534.

Haidt, Jonathan. (2000). "The Positive Emotion of Elevation." *Prevention and Treatment* 3: 1–5.

——. (2003). "Elevation and the Positive Psychology of Morality." In *Flourishing: Positive Psychology and the Life Well-Lived*. Ed. C. Keyes and J. Haidt. Washington: American Psychological Association, 275–289.

Haines, V., G. Diekhoff, E. LaBeff, and R. Clark. (1986). "College Cheating: Immaturity, Lack of Commitment, and the Neutralizing Attitude." Research in Higher Education 25: 342–354.

Hansen, G. (1987). "The Effect of Religiosity on Factors Predicting Marital Adjustment." *Social Psychology Quarterly* 50: 264–269.

Hansen, P. (2016). "The Definition of Nudge and Libertarian Paternalism: Does the Hand Fit the Glove?" *European Journal of Risk Regulation* 7: 155–174.

Hansen, P. and A. Jespersen. (2013). "Nudge and the Manipulation of Choice: A Framework for the Responsible Use of the Nudge Approach to Behaviour Change in Public Policy." *European Journal of Risk Regulation* 4: 3–28.

Hausman, Daniel and Brynn Welch. (2010). "To Nudge or Not to Nudge." *Journal of Political Philosophy* 18: 123–136.

Herndon, William and Jesse Weik. (1949). *Herndon's Life of Lincoln: The History and Personal Recollections of Abraham Lincoln as Originally Written by William H. Herndon and Jesse W. Weik*. Cleveland: World Publishing Company.

Higgins, S., C. Wong, G. Badger, D. Haug Ogden, and R. Dantona. (2000). "Contingent Reinforcement Increases Cocaine Abstinence during Outpatient Treatment and 1 Year of Follow- Up." *Journal of Consulting and Clinical Psychology* 68: 64–72.

Hill, T., C. Ellison, A. Burdette, and M. Musick. (2007). "Religious Involvement and Healthy Lifestyles: Evidence from the Survey of Texas Adults." *Annals of Behavioral Medicine* 34: 217– 222.

Hoge, D., C. Zech, P. McNamara, and M. Donahue. (1996). *Money Matters: Personal Giving in American Churches*. Louisville: Westminster John Knox.

Hope, Sara. (2015). "Can Text Messages Make People Kinder?" In *Character: New Directions from Philosophy, Psychology, and Theology*. Ed. Christian B. Miller, R. Michael Furr, Angela Knobel, and William Fleeson. New York: Oxford University Press, 412–442.

Hull, B. (2000). "Religion Still Matters." *Journal of Economics* 26: 35–48.

Hull, B. and F. Bold. (1995). "Preaching Matters: Replication and Extension." *Journal of Economic Behavior and Organization* 27: 143–149.

Hummer, R., R. Rogers, C. Nam, and C. Ellison. (1999). "Religious Involvement and U.S. Adult Mortality." *Demography* 36: 273–285.

Hursthouse, Rosalind. (1999). *On Virtue Ethics*. Oxford: Oxford University Press.

Jensen, R. and S. Moore. (1977). "The Effect of Attribute Statements on Cooperativeness and Competitiveness in School- Age Boys." *Child Development* 48: 305–307.

Kallbekken, S. (2013). " 'Nudging' Hotel Guests to Reduce Food Waste as a Win-Win Environmental Measure." *Economics Letters* 119: 325–327.

Kant, Immanuel. (1996). *Practical Philosophy*. Trans. Mary Gregor. Cambridge: Cambridge University Press.

Karakashian, L., M. Walter, A. Christopher et al. (2006). "Fear of Negative Evaluation Affects Helping Behavior: The Bystander Effect Revisited." *North American Journal of Psychology* 8: 13–32.

Kashy, D. and B. DePaulo. (1996). "Who Lies?" *Journal of Personality and Social Psychology* 70: 1037–1051.

Kidder, Tracy. (2009). *Mountains beyond Mountains: The Quest of Dr. Paul Farmer, a Man Who Would Cure the World*. New York: Random House.

Klein, H., N. Levenburg, M. McKendall, and W. Mothersell. (2007). "Cheating during the College Years: How Do Business Students Compare?" *Journal of Business Ethics* 72: 197–206.

Koenig, H., L. George, H. Cohen, et al. (1998). "The Relationship between Religious Activities and Cigarette Smoking in Older Adults." *Journal of Gerontology: Medical Sciences*. 53: M426– M434.

Koenig, H., L. George, K. Meador, D. Blazer, and S. Ford. (1994). "The Relationship between Religion and Alcoholism in a Sample of Community-Dwelling Adults." *Hospital and Community Psychiatry* 45: 225–231.

Koenig, H., M. McCullough, and D. Larson. (2001). *The Handbook of Religion and Health*. New York: Oxford University Press.

Konečni, V. (1972). "Some Effects of Guilt on Compliance: A Field Replication." *Journal of Personality and Social Psychology* 23: 30–32.

Krahé, B. (2001). *The Social Psychology of Aggression*. Philadelphia: Taylor and Francis.

Kraut, R. (1973). "Effects of Social Labeling on Giving to Charity." *Journal of Experimental Social Psychology* 9: 551–562.

Krebs, D. (1970). "Altruism: An Examination of the Concept and a Review of the Literature." *Psychological Bulletin* 73: 258–302.

Larson, D., K. Sherrill, J. Lyons, F. Craigie, S. Thielman, M. Greenwold, and S. Larson. (1992). "Associations between Dimensions of Religious Commitment and Mental Health Reported in the *American Journal of Psychiatry and the Archives of General Psychiatry*, 1978–1989." American Journal of Psychiatry 149: 557–559.

Latané, B. and J. Dabbs. (1977). "Social Inhibition of Helping Yourself: Bystander Response to a Cheeseburger." Personality and Social *Psychology Bulletin* 3: 575–578.

Latané, B. and J. Darley. (1968). "Group Inhibition of Bystander Intervention in

Emergencies." *Journal of Personality and Social Psychology* 10: 215–221.

265

——— . (1970). *The Unresponsive Bystander*: *Why Doesn't He Help*? New York: Appleton- Century- Crofts.

Latané, B. and J. Rodin. (1969). "A Lady in Distress: Inhibiting Effects of Friends and Strangers on Bystander Intervention." *Journal of Experimental Social Psychology* 5: 189–202.

Latané, B., K. Williams, and S. Harkins. (1979). "Many Hands Make Light Work: The Causes and Consequences of Social Loafing." *Journal of Personality and Social Psychology* 37: 822–832.

Latané, B., S. Nida, and D. Wilson. (1981). "The Effects of Group Size on Helping Behavior." In *Altruism and Helping Behavior: Social, Personality, and Developmental Perspectives*. Ed. J. Rushton and R. Sorrentino. Hillsdale, NJ: Lawrence Erlbaum, 287–313.

Latané, B. and S. Nida. (1981). "Ten Years of Research on Group Size and Helping." *Psychological Bulletin* 89: 308–324.

Levin, J. and L. Chatters. (1998). "Research on Religion and Mental Health: A Review of Empirical Findings and Theoretical Issues." In *Handbook of Religion and Mental Health*. Ed. H. Koenig. San Diego: Academic Press, 33–50.

Lewis, C. S. (1943). *Mere Christianity*. New York: Collier Books.

Lindsey, L. (2005). "Anticipated Guilt as Behavioral Motivation: An Examination of Appeals to Help Unknown Others through Bone Marrow Donation." *Human Communication Research* 31: 453–481.

Lipford, J., R. McCormick, and R. Tollison. (1993). "Preaching Matters." *Journal of Economic Behavior and Organization* 21: 235–250.

Lycan, William and George Schlesinger. (1989). "You Bet Your Life: Pascal's Wager Defended." In *Reason and Responsibility: Readings in Some Basic Problems of Philosophy* Seventh Edition. Ed. Joel Feinberg. Belmont, CA: Wadsworth, 82–90.

Marshall, Robert. (2013). *In the Sewers of Lvov: The Last Sanctuary from the Holocaust*. London: Bloomsbury Reader.

Mazar, N., O. Amir, and D. Ariely. (2008). "The Dishonesty of Honest People: A Theory of Self- Concept Maintenance." *Journal of Marketing Research* 45: 633–644.

McCabe, D., and L. Trevino. (1993). "Academic Dishonesty: Honor Codes and Other Contextual Influences." *Journal of Higher Education* 64: 522–538.

McCabe, D., L. Trevino, and K. Butterfield. (2001). "Cheating in Academic Institutions: A Decade of Research." *Ethics and Behavior* 11: 219–232.

McCabe, D., K. Butterfield, and L. Trevino. (2006). "Academic Dishonesty in Graduate Business Programs: Prevalence, Causes, and Proposed Action." *Academy of Management Learning and Education* 5: 294–305.

McClure, J. B. (ed.). (1879). *Anecdotes of Abraham Lincoln and Lincoln's Stories*. Chicago: Rhodes and McClure.

McCullough, M., R. Emmons, and J. Tsang. (2002). "The Grateful Disposition: A Conceptual and Empirical Topography." *Journal of Personality and Social Psychology* 82: 112–127.

Mead, N., R. Baumeister, F. Gino, M. Schweitzer, and D. Ariely. (2009). "Too Tired to Tell the Truth: Self- Control Resource Depletion and Dishonesty." *Journal of Experimental Social Psychology* 45: 594–597.

Meeus, W. and Q. Raaijmakers. (1986). "Administrative Obedience: Carrying Out Orders to Use Psychological- Administrative Violence." *European Journal of Social Psychology* 16: 311–324.

Mele, Alfred and Joshua Shepard. (2013). "Situationism and Agency." *Journal of Practical Ethics* 1: 62–83.

Merritt, Maria. (2000). "Virtue Ethics and Situationist Personality Psychology." *Ethical Theory and Moral Practice* 3: 365–383.

Merritt, Maria, John Doris, and Gilbert Harman. (2010). "Character." In *The Moral Psychology Handbook*. Ed. J. Doris and the Moral Psychology Research Group. Oxford: Oxford University Press, 355–401.

Milgram, S. (1963). "Behavioral Study of Obedience." *Journal of Abnormal and Social Psychology* 67: 371–378.

——. (1974). *Obedience to Authority*. New York: Harper & Row.

Millar, K. and A. Tesser. (1988). "Deceptive Behavior in Social Relationships: A Consequence of Violated Expectations." *Journal of Psychology* 122: 263–273.

Miller, Christian. (2012). "Atheism and the Benefits of Theistic Belief." In *Oxford Studies in Philosophy of Religion*. Ed. Jonathan Kvanvig. Volume 4. Oxford: Oxford University Press, 97–125.

——. (2013). *Moral Character: An Empirical Theory*. Oxford: Oxford University Press.

——. (2014). *Character and Moral Psychology*. Oxford: Oxford University Press.

——. (2016a). "Virtue Cultivation in Light of Situationism." In *Developing the Virtues: Integrating Perspectives*. Ed. Julia Annas, Darcia Narvaez, and Nancy Snow. New York: Oxford University Press, 157–183.

——. (2016b). "Should Christians Be Worried about Situationist Claims in Psychology and Philosophy?" *Faith and Philosophy* 33: 48–73.

Miller, D. and C. McFarland. (1991). "When Social Comparison Goes Awry: The Case of Pluralistic Ignorance." In *Social Comparison: Contemporary Theory and Research*. Ed. Jerry Suls and Thomas Ashby Wills. Hillsdale, NJ: Lawrence Erlbaum, 287–313.

Miller, R. (1996). *Embarrassment: Poise and Peril in Everyday Life*. New York: Guilford Press.

Miller, R., P. Brickman, and D. Bolen. (1975). "Attribution versus Persuasion as a Means for Modifying Behavior." *Journal of Personality and Social Psychology* 31: 430–441.

Mills, R. and J. Grusec. (1989). "Cognitive, Affective, and Behavioral Consequences of Praising Altruism." *Merrill- Palmer Quarterly* 35: 299–326.

Mischel, W. and H. Mischel. (1976). "A Cognitive Social-Learning Approach to Morality and Self- Regulation." In *Moral Development and Behavior: Theory,*

Research, and Social Issues. Ed. T. Lickona. New York: Holt, Rinehart, and Winston, 84–107.

Muggeridge, Malcolm. (1971). *Something Beautiful for God: Mother Teresa of Calcutta*. London: Harper and Row.

Muller, C. and C. Ellison. (2001). "Religious Involvement, Social Capital, and Adolescents' Academic Process: Evidence from the National Longitudinal Study of 1988." *Sociological Focus* 34: 155–183.

Murdoch, Iris. (1971). *The Sovereignty of the Good*. New York: Schocken Books.

National Center on Addiction and Substance Abuse. (2001). *So Help Me God: Substance Abuse, Religion and Spirituality*. New York: Columbia University.

Park, N., C. Peterson, and M. Seligman. (2004). "Strengths of Character and Well-Being." *Journal of Social and Clinical Psychology* 23: 603–619.

Park, N., and C. Peterson. (2008). "Positive Psychology and Character Strengths: Application to Strengths- Based School Counseling." *Professional School Counseling* 12: 85–92.

Peterson, C., J. Stephens, N. Park, F. Lee, and M. Seligman. (2010). "Strengths of Character and Work." In *Oxford Handbook of Positive Psychology and Work*. Ed. P. Linley, S. Harrington, and N. Garcea. New York: Oxford University Press, 221–231.

Petty, R., K. Williams, S. Harkins, and B. Latané. (1977a). "Social Inhibition of Helping Yourself: Bystander Response to a Cheeseburger." *Personality and Social Psychology Bulletin* 3: 575–578.

Petty, R., S. Harkins, K. Williams, and B. Latané. (1977b). "The Effects of Group Size on Cognitive Effort and Evaluation." *Personality and Social Psychology Bulletin* 3: 579–582.

Plato. (1968). *The Republic of Plato*. Trans. Allan Bloom. New York: Basic Books.

Prentice, D. and D. Miller. (1996). "Pluralistic Ignorance and the Perpetuation of Social Norms by Unwitting Actors." In *Advances in Experimental Social Psychology*. Ed. M. Zanna. Volume 28. San Diego: Academic Press, 161–209.

Proyer, R. T., F. Gander, T. Wyss, and W. Ruch. (2011). "The Relation of Character Strengths to Past, Present, and Future Life Satisfaction among German-Speaking Women." *Applied Psychology: Health and Well-Being* 3: 370–384.

Regan, D., M. Williams, and S. Sparling. (1972). "Voluntary Expiation of Guilt: A Field Experiment." *Journal of Personality and Social Psychology* 24: 42–45.

Regnerus, Mark. (2000). "Shaping Schooling Success: Religious Socialization and Educational Outcomes in Urban Public Schools." *Journal for the Scientific Study of Religion* 39: 363–370.

Regnerus, M. and G. Elder. (2003). "Staying on Track in School: Religious Influences in High- and Low-Risk Settings." *Journal for the Scientific Study of Religion* 42: 633–649.

Regnerus, M., C. Smith, and D. Sikkink. (1998). "Who Gives to the Poor? The Influence of Religious Tradition and Political Location on the Personal Generosity of Americans Toward the Poor." *Journal for the Scientific Study of Religion* 37: 481–493.

Rick, S. and G. Loewenstein. (2008). "Commentaries and Rejoinder to 'The

Dishonesty of Honest People.' " *Journal of Marketing Research* 45: 645–653.
Roberts, B. (2009). "Back to the Future: Personality and Assessment and Personality Development." *Journal of Research in Personality* 43: 137–145.
Rokovski, C. and E. Levy. (2007). "Academic Dishonesty: Perceptions of Business Students." *College Student Journal* 41: 466–481.
Rosenhan, D. and G. White. (1967). "Observation and Rehearsal as Determinants of Prosocial Behavior." *Journal of Personality and Social Psychology* 5: 424–431.
Ross, A. and J. Braband. (1973). "Effect of Increased Responsibility on Bystander Intervention: II. The Cue Value of a Blind Person." *Journal of Personality and Social Psychology* 25: 254–258.
Rota, Michael. (2016). *Taking Pascal's Wager: Faith, Evidence and the Abundant Life*. Downer's Grove: IVP Academic.
Rothschild, Alonzo. (1917). *"Honest Abe": A Study in Integrity Based on the Early Life of Abraham Lincoln*. Boston: Houghton Mifflin.
Rushton, J. and A. Campbell. (1977). "Modeling, Vicarious Reinforcement and Extraversion on Blood Donating in Adults: Immediate and Long-Term Effects." *European Journal of Social Psychology* 7: 297–306.
Samuels, Steven and William Casebeer. (2005). "A Social Psychological View of Morality: Why Knowledge of Situational Influences on Behaviour Can Improve Character Development Practices." *Journal of Moral Education* 34: 73–87.
Sarkissian, Hagop. (2010). "Minor Tweaks, Major Payoffs: The Problem and Promise of Situationism in Moral Philosophy." *Philosophers' Imprint* 10:1–15.
Schelling, Thomas. (1978). "Economics, or the Art of Self- Management." *American Economic Review* 68: 290–294.
Schiller, P. and J. Levin. (1988). "Is There a Religious Factor in Health Care Utilization? A Review." *Social Science and Medicine* 27: 1369–1379.
Schwartz, S. and A. Gottlieb. (1980). "Bystander Anonymity and Reactions to Emergencies." *Journal of Personality and Social Psychology* 39: 418– 430.
Shimai, S., K. Otake, N. Park, C. Peterson, and M. Seligman. (2006). "Convergence of Character Strengths in American and Japanese Young Adults." *Journal of Happiness Studies* 7: 311–322.
Shu, L., F. Gino, and M. Bazerman. (2011). "Dishonest Deed, Clear Conscience: When Cheating Leads to Moral Disengagement and Motivated Forgetting." *Personality and Social Psychology Bulletin* 37: 330–349.
Sinnott- Armstrong, Walter. (2009). *Morality Without God?* New York: Oxford University Press.
Slingerland, Edward. (2011). "The Situationist Critique and Early Confucian Virtue Ethics." *Ethics* 121: 390–419.
Smith, C. and R. Faris. (2002). *Religion and American Adolescent Delinquency, Risk Behaviors and Constructive Social Activities*. Chapel Hill, NC: National Study of Youth and Religion.
Sorensen, Roy. (2007). "Bald- Faced Lies! Lying without the Intent to Deceive." *Pacific Philosophical Quarterly* 88: 251–264.
Sosik, J. J., W. Gentry, and J. Chun. (2012). "The Value of Virtue in the Upper Echelons: A Multisource Examination of Executive Character Strengths and

Performance." *Leadership Quarterly* 23: 367–382.

Stack, S. (1983). "The Effect of the Decline in Institutionalized Religion on Suicide, 1954–1978." *Journal for the Scientific Study of Religion* 22: 239–252.

Stevens, Walter. (1998). *A Reporter's Lincoln*. Ed. Michael Burlingame. Lincoln: University of Nebraska Press.

Strenta, A. and W. DeJong. (1981). "The Effect of a Prosocial Label on Helping Behavior." *Social Psychology Quarterly* 44: 142–147.

Taylor, Gabriele. (2008). *Deadly Vices*. Oxford: Oxford University Press.

Thaler, Richard and Cass Sunstein. (2008). *Nudge: Improving Decisions about Health, Wealth, and Happiness*. New Haven: Yale University Press.

Thorkildsen, T., C. Golant, and L. Richesin. (2007). "Reaping What We Sow: Cheating as a Mechanism of Moral Engagement." In *Psychology of Academic Cheating*. Ed. E. Anderman and T. Murdock. Amsterdam: Elsevier Academic Press, 171–202.

Tice, D. and R. Baumeister. (1985). "Masculinity Inhibits Helping in Emergencies: Personality Does Predict the Bystander Effect." *Journal of Personality and Social Psychology* 49: 420–428.

Vitz, P. (1990). "The Use of Stories in Moral Development: New Psychological Reasons for an Old Education Model." *American Psychologist* 45: 709–720.

Vohs, K. and J. Schooler. (2008). "The Value of Believing in Free Will: Encouraging a Belief in Determinism Increases Cheating." *Psychological Science* 19: 49–54.

Wachtel, P. (1973). "Psychodynamics, Behavior Therapy, and the Implacable Experimenter: An Inquiry into the Consistency of Personality." *Journal of Abnormal Psychology* 82: 324–334.

Wagner, L. and W. Ruch. (2015). "Good Character at School: Positive Classroom Behavior Mediates the Link between Character Strengths and School Achievement." *Frontiers in Psychology*. doi: 10.3389/ fpsyg.2015.00610.

Weyant, J. (1978). "Effects of Mood States, Costs, and Benefits on Helping." *Journal of Personality and Social Psychology* 36: 1169–1176.

White, G. (1972). "Immediate and Deferred Effects of Model Observation and Guided and Unguided Rehearsal on Donating and Stealing." *Journal of Personality and Social Psychology* 21: 139–148.

Willard, Dallas. (1998). *The Divine Conspiracy: Recovering Our Hidden Life in God*. San Francisco: Harper. Wilson, J. and R. Petruska. (1984). "Motivation, Model Attributes, and Prosocial Behavior." *Journal of Personality and Social Psychology* 46: 458–468.

Witter, R., W. Stock, M. Okun, and M. Haring. (1985). "Religion and Subjective Well- Being in Adulthood: A Quantitative Synthesis." *Review of Religious Research* 26: 332–342.

Zhong, C., V. Bohns, and F. Gino. (2010). "Good Lamps Are the Best Police: Darkness Increases Dishonesty and Self- Interested Behavior." *Psychological Science* 21: 311–314.

Zimbardo, P. (2007). *The Lucifer Effect: Understanding How Good People Turn Evil*. New York: Random House.

國家圖書館出版品預行編目資料

其實你沒有你想的那麼善良：一堂關於品格的哲學思辨課
克里斯蒂安・米勒 Christian B. Miller 著　陳岳辰 譯
初版 . -- 臺北市：商周出版：家庭傳媒城邦分公司發行
2018.10　面；　公分
譯自 : THE CHARACTER GAP: HOW GOOD ARE WE?
ISBN 978-986-477-523-1（平裝）
1. 哲學　2. 通俗作品
100　107013433

其實你沒有你想的那麼善良：一堂關於品格的哲學思辨課

原著書名／THE CHARACTER GAP: HOW GOOD ARE WE?
作　　者／克里斯蒂安・米勒 Christian B. Miller
譯　　者／陳岳辰
責任編輯／陳玳妮

版　　權／林心紅
行銷業務／李衍逸、黃崇華
總 編 輯／楊如玉
總 經 理／彭之琬
發 行 人／何飛鵬
法律顧問／元禾法律事務所 王子文律師
出　　版／商周出版
台北市 104 民生東路二段 141 號 9 樓
電話：(02) 25007008　傳真：(02)25007759
E-mail：bwp.service@cite.com.tw
Blog：http://bwp25007008.pixnet.net/blog
發　　行／英屬蓋曼群島商家庭傳媒股份有限公司城邦分公司
台北市中山區民生東路二段 141 號 2 樓
書虫客服服務專線：(02)25007718；(02)25007719
服務時間：週一至週五上午 09:30-12:00；下午 13:30-17:00
24 小時傳真專線：(02)25001990；(02)25001991
劃撥帳號：19863813；戶名：書虫股份有限公司
讀者服務信箱：service@readingclub.com.tw
城邦讀書花園：www.cite.com.tw
香港發行所／城邦（香港）出版集團有限公司
香港灣仔駱克道 193 號東超商業中心 1 樓
E-mail：hkcite@biznetvigator.com
電話：(852) 25086231 傳真：(852) 25789337
馬新發行所／城邦（馬新）出版集團【Cite (M) Sdn. Bhd.】
41, Jalan Radin Anum, Bandar Baru Sri Petaling,
57000 Kuala Lumpur, Malaysia.
Tel: (603) 90578822　Fax: (603) 90576622
Email: cite@cite.com.my

封面設計／李東記
排　　版／極翔企業有限公司
印　　刷／卡樂彩色製版印刷有限公司
經 銷 商／聯合發行股份有限公司
電話：(02) 2917-8022　Fax: (02) 2911-0053
地址：新北市 231 新店區寶橋路 235 巷 6 弄 6 號 2 樓

■ 2018 年 10 月 02 日初版
■ 2021 年 09 月 09 日初版 3.6 刷
定價 380 元
Printed in Taiwan

廣　告　回　函
北區郵政管理登記證
北臺字第000791號
郵資已付，免貼郵票

104　台北市民生東路二段141號2樓

英屬蓋曼群島商家庭傳媒股份有限公司城邦分公司　收

請沿虛線對摺，謝謝！

書號：BP6027　　書名：其實你沒有你想的那麼善良　編碼：

請於此處用膠水黏貼

讀者回函卡

不定期好禮相贈！
立即加入：商周出版
Facebook 粉絲團

感謝您購買我們出版的書籍！請費心填寫此回函卡，我們將不定期寄上城邦集團最新的出版訊息。

姓名：________________ 性別：☐男 ☐女

生日：西元________年________月________日

地址：________________

聯絡電話：________________ 傳真：________________

E-mail ：

學歷：☐ 1. 小學 ☐ 2. 國中 ☐ 3. 高中 ☐ 4. 大學 ☐ 5. 研究所以上

職業：☐ 1. 學生 ☐ 2. 軍公教 ☐ 3. 服務 ☐ 4. 金融 ☐ 5. 製造 ☐ 6. 資訊
☐ 7. 傳播 ☐ 8. 自由業 ☐ 9. 農漁牧 ☐ 10. 家管 ☐ 11. 退休
☐ 12. 其他________________

您從何種方式得知本書消息？

☐ 1. 書店 ☐ 2. 網路 ☐ 3. 報紙 ☐ 4. 雜誌 ☐ 5. 廣播 ☐ 6. 電視
☐ 7. 親友推薦 ☐ 8. 其他________________

您通常以何種方式購書？

☐ 1. 書店 ☐ 2. 網路 ☐ 3. 傳真訂購 ☐ 4. 郵局劃撥 ☐ 5. 其他______

您喜歡閱讀那些類別的書籍？

☐ 1. 財經商業 ☐ 2. 自然科學 ☐ 3. 歷史 ☐ 4. 法律 ☐ 5. 文學
☐ 6. 休閒旅遊 ☐ 7. 小說 ☐ 8. 人物傳記 ☐ 9. 生活、勵志 ☐ 10. 其他

對我們的建議：________________

____

____

【為提供訂購、行銷、客戶管理或其他合於營業登記項目或章程所定業務之目的，城邦出版人集團（即英屬蓋曼群島商家庭傳媒（股）公司城邦分公司、城邦文化事業（股）公司），於本集團之營運期間及地區內，將以電郵、傳真、電話、簡訊、郵寄或其他公告方式利用您提供之資料（資料類別：C001、C002、C003、C011 等）。利用對象除本集團外，亦可能包括相關服務的協力機構。如您有依個資法第三條或其他需服務之處，得致電本公司客服中心電話 02-25007718 請求協助。相關資料如為非必要項目，不提供亦不影響您的權益。】

1.C001 辨識個人者：如消費者之姓名、地址、電話、電子郵件等資訊。
2.C002 辨識財務者：如信用卡或轉帳帳戶資訊。
3.C003 政府資料中之辨識者：如身分證字號或護照號碼（外國人）。
4.C011 個人描述：如性別、國籍、出生年月日。

請於此處用膠水黏貼